國際安全理論
——權力、主權與威脅

● 陳牧民 著

自序

　　撰寫本書的原始動機來自兩年前與一位政治學同行友人的對話。她認為在國際關係的諸多主題中，國際安全的理論最為膚淺。即使冷戰已經結束多年，但多數研究國際安全的學者仍然用純粹軍事與權力的角度來分析與安全相關的議題。記得當時自己並不同意這種觀點，但在國內參加學術研討會的過程中，的確發現「現實主義」仍然是諸多學者偏好的唯一理論基礎。因此談到後冷戰時期的東亞區域安全就必然是快速崛起的中國與美國（或者再加上日本）之間的權力競爭；談到台灣的安全狀態就變成衡量台海兩岸間軍事力量能否保持平衡。無論我們喜不喜歡中國或日本軍事力量的崛起，無論我們是否希望美國繼續在亞洲扮演霸權的角色，這些強權之間的互動與較量必將決定台灣的命運、亞洲的穩定、甚至未來的世界政治秩序。

　　我發現這種偏好權力政治的世界觀與之前攻讀博士時所接觸的文獻大不相同。在美國讀書的1990年代中、後期，剛好是國際關係理論進行所謂「第三次辯論」的階段。後實證主義陣營諸多學者對傳統現實主義理論進行無情的批判，發表出許多精彩的研究論文。而現實主義者在與對手進行攻防之餘，也不斷修正自身的理論。雙方的辯論不僅出現在如美國政治學會年會等學術研討會的場合，也成為迄今許多國際關係學術期刊的論文主題。至今仍然清楚記得當時系上邀請結構現實主義創始人Kenneth Waltz到校演講，教授與同學連番對其提出尖銳批判的場面。

　　一方面出於研究需要，一方面是個人對理論的興趣，我在那段時間開始研讀後實證主義國際關係理論的研究論文。在這個過程中逐漸發現：現實主義學者與其批判者辯論的核心問題之一正是安全的概念。現實主義者普遍認為追求安全的狀態是所有國家的本能，此一現象並不會隨著國際環境的變化而有所改變；而後實證主義陣營的社會建構論學者則主張主權國家、權力平衡、甚至安全概念本身都不是客觀存在的事實，而是被建構出來的假象。至於由誰建構？如何建構？學者因其理論背景的差異而提出相

異的觀點。在這個理論探索的過程中，我對兩位學者的研究展現出高度的興趣。第一是以批判理論（Critical Theory）來批評現實主義理論的Robert Cox。他以義大利馬克思理論家葛蘭西（Antonio Gramsci）的霸權（hegemony）概念來重新理解20世紀國際政治經濟學的發展脈絡。其實首先引領我接觸Cox理論的正是當年在丹佛大學的指導教授David Goldfischer，他也是目前美國國際關係學界少數嘗試以批判理論角度來研究國際安全的學者之一。另一位是英國學者Barry Buzan。有人仍將他視為國際關係理論中的英國學派（English School）學者，也有人將他歸類為國際安全理論中的哥本哈根學派（Copenhagen School）。我對他的理論感興趣始於其1991年出版的《人們、國家與恐懼》一書修正版，該書從第一版（1983年）到修正版問世剛好跨越冷戰從高峰到驟然結束的階段，因此我們可以從其理論內容觀察到從傳統的權力觀點逐漸轉向多元主義、再轉向後實證主義的變化過程。2007年Barry Buzan來台訪問，我與他有相當深入的交談，因而對他的理論有更全面的了解，而他也鼓勵我將國際安全理論的研究心得早日發表成書。

　　這些理論的啟蒙構成了這本書的基礎，這本書是我這幾年關於國際安全理論與相關實證研究的總和。由於教學任務繁重，撰寫過程大約花了兩年的時間。部分的章節曾經在國內的學術研討會中發表，也因為評論學者提出的寶貴意見才能使論文內容更加完善。在本書中，我想呈現出的是一種以批判角度來分析傳統國際安全議題的研究方式。與一般後實證主義學者最大的不同之處在於改變過去眾人「只破不立」的研究態度——只批評傳統國際安全理論之不當，但不積極建立新的理論內容。本書提出了一個以權力、制度與文化三個面向為基礎的架構，並將之對應到國內、區域與國際社會三個層次。此外，本書嘗試將理論建構與四個案例研究相結合，藉由案例分析來說明安全概念在現代社會的影響方式與過程。我並不知道本書所採用研究方法是否真能達到批判傳統安全理論的效果，因此竭誠歡迎各界對書的內容提出指正意見。因為惟有引起學界對新安全理論的興趣與討論，我們才能以更開放的角度來看待我們所處的環境，才能改變以純粹軍事與權力角度來思考安全問題的固有思維。

　　本書能順利付梓，得力於多人的鼓勵與協助。首先要感謝五南圖書公司給予本書問世的機會，畢竟國際關係類的純學術著作在國內的市場空間有限，五南卻能長期投注在此類書籍的出版，殊為不易；其次要感謝過去在彰化師大政研所與目前任教的中興大學國際政治所諸位助理學生在資料蒐集上的幫忙，讓我能在短時間得到研究所需的資訊數據；此外，家人與朋友的長期支持也是讓我能長期投入研究的主要動力。最後，希望這本書能對國內國際關係理論的發展做出些許貢獻，並鞭策我未來繼續在學術研究上更加精進。

陳牧民

2009年7月30日 於台中

目錄

第一章 緒 論

全世界皆屈服於恐懼的統治。

——Wole Soyinka[1]

　　這本書的目的是檢視當代國際安全理論的一些新發展，並嘗試提出一種新的研究架構來理解並分析一般人所認定的安全問題。在政治活動中，「安全」是一個被大量使用的語彙：國家安全、區域安全、國際安全這些字充斥在媒體報導、政策分析與學術論文中。但無論是使用者或讀者都很少認真思索所謂安全政策的目的是在保障誰的安全：是人民、統治者、國家，還是國際社會？為什麼一般人認為對國家安全（或是更明白的說，對政府的統治能力）構成「威脅」的力量就是對人民的威脅？由於社會大眾對這類問題並不具有批判思辨的能力，因此統治者或政治菁英往往樂於將安全、國家、威脅等概念形塑成簡單的政治語言或口號，進而創造出「人民的安全＝國家的安全＝免於外來威脅」的標準安全論述。以下是一段典型的台灣國家安全論述：

> 台灣的國家安全在於維護台灣的獨立主權及領土完整，保障人民的生命財產福祉，促成國家的生存與永續發展。國家安全不但是軍事國防力量的充實與展現，也涵蓋國民捍衛國家的意志，國際外交、政治、經濟、社會與文化的力量。……多年來對台灣國家安全的威脅，來自台灣海峽對岸虎視眈眈的中國。台灣與中國的軍力、人力、資源懸殊。所謂「崛起的中國」，以經濟力的提升及軍事力的擴充為特色，繼續共產黨一黨專制，違反世界民主自由人權的大潮流，對台灣的武力威脅，有增無減。[2]

---

[1] 渥雷·索因卡（Wole Soyinka），奈及利亞作家，1986年諾貝爾文學獎得主。

[2] 陳隆志，〈民主化與國家安全〉，《自由時報》，2006年1月27日，http://www.libertytimes.com.tw/2006/new/jan/27/today-o3.htm

　　有趣的是，大陸的學者看待「台灣獨立」與「中國國家安全」之間的關聯時，也會做出語氣相近但結論完全相反的論斷：

> 19世紀末，中國清政府使中國失去世界大國的地位、淪爲二流國家之後，實現民族復興或崛起就成爲全體中國人民的政治理想。自孫中山以來，凡代表中國人利益的政治家都將民族復興視爲己任。胡錦濤主席與溫家寶總理於2003年末提出的「和平崛起」政治目標，就是實現民族復興的具體體現。民族復興字面的意義就是恢復中華民族以往曾經輝煌的世界地位，其現實涵義是指中國要崛起爲世界舉足輕重的強國。……台灣獨立，則意味著中國沒有能力維護國家統一。如果我們不具備維護國家統一的能力，就不可能崛起爲世界強國，也不能實現民族復興。由此我們可以判斷，台灣獨立必然阻遏我們的民族復興或崛起。我們負責對台工作的領導人也認識到這一點，明確指出，「國家統一是實現中華民族偉大復興的基本保證與必要條件」。[3]

　　比較以上兩段文字，不難發現無論是高度民主化下的台灣或威權政治體制下的中國大陸，關注外交事務的學者對維護國家安全的態度竟然有高度相似之處：雙方都把對方在主權問題上的堅持與作爲視爲自己國家的安全威脅。[4] 即使台灣與大陸之間在經濟與社會上已發展出高度的相互依賴，爲何兩地的政治菁英仍然將對方的存在（更精確的說法是對主權問題的立場）視爲對自己生存的威脅？爲何一般人也能接受這樣的看法？其實

---

[3] 閻學通，〈武力遏制態度法理獨立的利弊分析〉，《戰略與管理》，2004年第3期（總第64期），頁1-2。

[4] 我刻意舉出這兩位學者所發表的文字是因爲他們在本身專注的學術領域都具有相當高的聲望。陳隆志留學美國耶魯大學，是現代國際法「新港學派」（New Heaven School）創始人Harold D. Laswswell和Myres S. McDougal的嫡傳弟子。而閻學通爲美國柏克萊大學博士，曾受教於現實主義理論大師Kenneth Waltz。陳閻兩人在國際法與國際關係理論各有擅長，但在論述國家安全的問題時，卻展現出立場完全相反而語氣頗爲相近的看法。

對兩岸的決策者而言，對國家構成威脅的當然不只是「台灣獨立」或是「中國霸權」，可能還包括在各自社會內部不認同主流觀點的人。在台灣主張立刻接受一國兩制與大陸統一的人，與在大陸主張不僅台灣應該獨立，西藏、新疆等地的人民也應享有獨立自決權利的人，都有可能被視為異端而遭到排斥、甚至懲罰。如果國家存在的目的是保障人民生命財產安全不受侵犯，為何人民卻沒有權力挑戰執政者所創造出的主流論述？以下的一段話或許能讓我們更清楚瞭解問題的來源：

> 台灣國家土地的面積三萬六千平方公里、人口二千三百萬人，誰企圖威脅台灣國家的永續生存與發展、企圖傷害二千三百萬台灣人民的安全與福祉，誰就是我們的敵人。大家不但要有正確的憂患意識、敵我意識，更要有清楚堅定的國家意識。堅持「為台灣的國家生存發展而戰」、「為台灣的民主自由而戰」、「為台灣的百姓安全福祉而戰」。[5]

我們可以將以上這段話進一步推演成以下三句：

1. 我們的國家＝台灣
2. 對台灣的威脅＝對國家的威脅＝對台灣人民的威脅
3. 台灣人民的安全與福祉＝國家的安全＝沒有外來威脅

這樣的邏輯推論其實並沒有告訴我們為什麼「台灣兩千三百萬人民的安全與福祉」等於「國家的安全」，也沒有解釋為什麼對「國家」的威脅就等同於對「人民」的威脅。這種將國家、安全、威脅等概念過度簡化為「人民的安全＝國家的安全＝沒有外來威脅」的政治語言幾乎已經成為現

---

[5] 中華民國總統府，〈總統主持三軍五校畢業典禮談話〉，《總統府新聞稿》，2007年7月6日，<http://www.president.gov.tw/php-bin/prez/shownews.php4?issueDate=&issueYY=96&issueMM=7&issueDD=6&title=&content=&_section=3&_pieceLen=50&_orderBy=issueDate%2Crid&_desc=1&_recNo=3>

代社會理解安全概念的思維模式。國際政治學者對這個問題似乎也沒有提出令人滿意的答案。傳統國際關係理論對國際政治基本狀態的看法可分為現實主義（Realism）與自由主義（Liberalism）兩大傳統，也就是 John Rourke 與 Mark Boyer 所說的「理解明日世界的兩條路線」。[6] 其中現實主義者主張國際關係的本質是主權國家之間對權力（power）的較量與平衡。在無政府狀態（anarchy）下的國際社會，追求權力成為所有國家共有的本能；國家追求權力的目的在維護生存條件、保障國家利益，甚至擴張其影響力。因此經濟上的關係再緊密，都不能取代軍事與政治力決定國際關係的事實。因此台灣與大陸的關係，是在亞太戰略環境下自由民主的台灣挺身對抗崛起霸權中國的過程。自由主義者的看法則完全相反，認為國與國之間的利益不必然是絕對衝突的，國家間可透過貿易、交往等方式化解歧見，以獲取最大的經濟利益。因此兩岸之間的政治僵局最終會因經濟上的交流與融合而漸漸消失，經濟上的利益會取代政治軍事的利益，成為形塑台灣與大陸關係的主要力量。現實主義者與自由主義者對如何理解國際政治的本質分別提供了一個完整的理論架構，但他們都沒有深入探究「國家」、「人民」及「安全」三者之間的關係。舉例而言，北京政府宣稱「一旦台獨勢力得逞，將可能使中國陷入內戰和四分五裂的危境，祖國絕對有決心與能力打擊任何分裂國家的企圖」。這是一個符合現實主義邏輯的推論（台灣獨立威脅中國的國家利益，因此中國必須以武力保障其國家利益）。但全力防堵台灣獨立所造成的東亞區域軍事緊張難道會讓中國變得比較安全？另一方面，台灣與大陸之間的經濟關係愈密切，台灣對大陸相互依賴的情勢就更為明顯。這也符合自由主義的基本假設（經濟交流降低軍事衝突的可能）。但是台灣經濟過分仰賴大陸的結果可能是台灣經濟基礎被完全掏空。經濟上的緊密關係究竟能否能讓台灣變得更安全？這也不無疑問。

　　對安全狀態構成威脅的來源是另一個必須探究的問題。我在此舉四個

---

[6] John T. Rourke and Mark A. Boyer 著，張明貴，賴明芝譯，《世界政治》（台北：風雲論壇出版社，2005年），頁11。

不同的例子說明安全這個概念所涉及的往往並不只是主權國家之間的政治關係：

案例一：2008年初，美國次級房屋貸款引發的信貸緊縮危機不斷擴大，導致全球金融市場一片混亂，暴露出世界各大銀行和金融監管機構的監管不力。3月間，美國第五大投資銀行貝爾斯登（Bear Stearns）被摩根大通銀行（JP Morgen Chase）以很便宜的價格收購。金融大師索羅斯（George Soros）提出警告說，全球金融系統實際上是建立在虛假概念之上，因此有崩潰的危險。此後紐約道瓊斯工業股票指數狂跌不止，一度下跌四成。到了9月8日，美國政府宣布挽救美國兩大住房抵押貸款公司房利美（Fannie Mae）和房地美（Freddie Mac），但是這一措施並沒有穩定住局勢——數日後，美國第四大投資銀行雷曼兄弟公司宣布破產，美國政府並沒有出手挽救，這導致全球股市立刻下跌，迫使美國政府在兩天後宣布以850億美元融資來挽救美國最大的保險公司AIG（美國國際集團）。此後，美國政府提出用7千億美元救市措施，但是這個計畫遭到許多經濟學家反對，形容是把良好資金投入到失敗的金融市場。但當這個救市計劃最得到國會通過，世界各主要央行也聯手紛紛下調利率之後，市場仍然繼續狂跌。國際貨幣基金會（International Monitary Fund）9月發布的全球經濟預測指出：這是自1930年代以來最危險的金融震撼（the most dangerous financial shock since the 1930s）。

案例二：2001年9月11日上午，三架載著平民旅客的客機在恐怖份子的劫持下，分別撞向美國紐約市區的世界貿易中心和位在首都華盛頓的國防部五角大廈。曾經是世界第一高樓、也是紐約著名地標的世貿中心南北雙塔，在燃燒了一個多小時後先後倒塌，造成了三千多位平民百姓的死亡。同時，第四架遭劫的客機也在機上乘客的奮力抵抗後，在賓夕法尼亞州失事墜毀。這一震驚世界的恐怖攻擊事件，不僅是美國立國兩百多年來其國土核心首次遭到大

規模攻擊，也是美國在承平時期所遭受過最嚴重的恐怖攻擊事件。九一一恐怖攻擊事件後一個月，美國以反恐戰爭為名出兵阿富汗，目的在打擊九一一事件幕後主謀賓拉登（Osama bin Laden）及其創立的基地組織（Al Qaeda），以及庇護基地組織的阿富汗神學士（Taliban）政權。經過一個月餘的戰鬥，神學士政權潰敗退出首都喀布爾，但美國試圖圍捕賓拉登的行動卻未成功。2003年3月，美國再度以反恐戰爭為名出兵伊拉克，推翻海珊（Saddam Hussein）的獨裁政權。但此一充滿爭議的軍事行動不僅沒有為伊拉克帶來真正的和平，反而使美軍陷入戰爭泥淖而無法脫身。

案例三：2003年1月，北韓政府悍然宣布將退出「禁止核擴散條約」（Nuclear Non-Proliferation Treaty, NPT），此舉暗示北韓已經決定不顧國際輿論反對，重新啟動核武計畫。當年4月，北韓宣稱「已經成功對八千餘根用過的核子反應器燃料棒進行再處理」。5日後美國、中國、北韓三方代表開始在北京會面。北韓代表在會中要求美國與北韓建立外交關係並提供安全保證。北韓代表更私下向美國首席談判代表助理國務卿凱利（James Kelly）暗示北韓「已經擁有核子武器」。一個月後，北韓官方通訊社發表評論，表示如果美國不放棄敵視北韓的政策，則北韓別無選擇，勢必發展核武。這是北韓官方首度公開承認正在發展核武。為了解決此一危機，美、中、日本、南、北韓、俄羅斯等國決定在北京舉行六方會談。到了2005年9月的第四輪六方會談，北韓終於承諾放棄一切發展核武器計畫，早日重返「禁止核擴散條約」，並回到國際原子能總署（International Atomic Energy Agency, IAEA）保障監督。但到了2006年10月，北韓竟然公開宣布已成功進行核子試爆，美國與日本的偵測也證實北韓的說法，危機再起。聯合國安理會以前所未有的強悍態度通過制裁北韓決議，要求各國對北韓實施禁運；但就在此時，美國竟派代表至德國柏林與與北韓秘密會面，北韓最後終於同意重開六方會談，並同意關

閉核子反應爐，以換取來自南韓的石油援助。2007年7月，國際原子能總署在北韓的代表證實在寧邊（Yongbyong）的核子反應爐已經關閉。正當全世界因核武危機解除而感到慶幸之際，北韓竟然宣布退出六方會談，並在2009年5月再度進行核子試爆，其未來動向仍然不明。

案例四：根據聯合國政府間氣候變化專門委員會（Intergovernmental Panel on Climate Change, IPCC）在1995年發表的一項研究指出，自19世紀初以來，地球表面平均溫度已上升攝氏0.3至0.6度，且在其他條件不變的情形下，公元2030年時地球平均溫度將再上升攝氏1度，至2100年時則又上升3度。地表溫度上升將導致兩極冰山解凍，海平面上升且陸地面積縮小，危及人類生存空間與生態平衡——該報告估計過去的100年內全球海平面已經上升約10－25公分。[7] 在網路上所廣為流傳的一段警告（但難以找到原始的出處）對溫室效應的預測是：如果海平面上升0.2到1.4公尺，許多沿海城市將被淹沒，居住在海岸線60公里以內的居民（占世界三分之一的人口），將首當其衝，未來50年內，太平洋與印度洋島國將陸續消失：吐瓦魯、吉里巴斯、馬歇爾群島、萬那杜、諾魯、東加、斐濟、馬爾地夫。儼然成為人類生態浩劫。[8]

　　我們都同意全球金融風暴、九一一恐怖攻擊、北韓發展核子武器與氣候暖化都是對人類生存環境構成威脅的重大事件，但是這四個事件的影響方式與效果卻又截然不同：全球金融危機是經濟失序影響國家與區域經濟的穩定；九一一恐怖攻擊是恐怖組織以無預警方式對平民百姓發動攻擊；

---

[7] 聯合國政府間氣候變化專門委員會網站，《聯合國政府間氣候變化專門委員會IPCC第二次評估：氣候變化1995》，<http://www.ipcc.ch/pdf/climate-changes-1995/ipcc-2nd-assessment/2nd-assessment-cn.pdf>

[8] 《世界末日的危機》，<http://www.geocities.com/avoid_armageddon/greenhouse.html>

而北韓核武危機則是北韓企圖發展具有大規模毀滅能力的核子武器為手段，以威脅其他國家對其安全做出保證；因氣候暖化造成的海平面上升，甚至有可能在這個世紀內對人類文明造成前所未有的浩劫。進一步來看，可發現一般國際關係學者會將恐怖主義與核武擴散納入國際安全的研究範圍，卻將金融問題、氣候問題排除在外。如果我們再把時序拉到冷戰時期，更會發現以上這四個案例都不在當時國際安全的研究範圍之內──美國與蘇聯之間的核武競爭幾乎是冷戰時期研究國際安全的唯一主題。[9] 究竟什麼是安全？什麼原因會讓我們覺得不安全？我們可由以上的討論整理出以下幾個問題：

1. 安全究竟是一種狀態，還是一種程度？
2. 安全所要保障的是國家？人民？還是其他的社群？
3. 威脅國家或人民安全的來源為何？
4. 雖然「國家」並非遭受威脅的唯一對象，為何只有國家及其統治者有權力宣示並執行與安全有關的政策？

對這些問題的探索與分析是本書的主要目的。在這個研究中，我企圖用一種反思（reflective）與批判（critical）的態度來檢視存在於國際關係研究與現實政治中的安全概念。我想瞭解的是：為什麼一提到「安全」、「國家安全」或「國際安全」這些詞彙，一般人所想到的往往都是軍事、戰略、威脅之類的議題？為什麼只有國家的統治者擁有對安全政策的發言權與決策權？為什麼伊朗的核子計畫在國際政治觀察家是重大的國際安全危機（即使這些計畫尚未成功、也尚未造成任何人員傷亡），但2004年12月間造成22萬5千餘人喪生的南亞大海嘯在一般人眼中卻只是自然災難？[10]

9　舉例來說，Richard Smoke的著作（*National Security and the Nuclear Dilemma*）（第一版出版於1984年）便只討論的美蘇的核武問題。Richard Smoke, *National Security and the Nuclear Dilemma: An Introduction to the American Experience in the Cold War* (New York: McGraw-Hill, 1993).

10　《維基百科》，<http://en.wikipedia.org/wiki/2004_Indian_Ocean_earthquake>

奈及利亞作家、諾貝爾文學獎得主渥雷・索因卡（Wole Soyinka）認為人類社會所有追求安全的作為與不作為都來自恐懼——上世紀的30年代與40年代，人們恐懼整個世界將會被納粹種族淨化主義者所統治；冷戰期間，人們恐懼美蘇兩大超強間的核子大戰爆發將導致全人類毀滅；今日我們恐懼的是一股狡猾、無形的力量，「全世界皆屈服於恐懼的統治」。[11]

由於恐懼，讓政治菁英創造出安全的概念，並選擇性地將部分議題納入：恐怖主義（基地組織）、核武器擴散（北韓與伊朗）、追求獨立或統一的政治目標（台灣與大陸）。將這些議題劃歸在「安全」的討論範圍內不僅促使一般大眾更傾向以扭曲的角度檢視這些問題，也讓政治菁英對這類問題擁有論述的權力，進而主導政策的發展方向。我們可以從以下陳水扁總統對「九一一事件週年」的談話中看到這種效果：

> 全球反恐行動能否成功，除了需要亞太國家共同的合作之外，還有三個面向特別值得關注，也就是亞太地區的安全與穩定、民主的鞏固與擴大，以及經濟的合作與發展。民主、經濟和安全，可以說是確保亞太地區和平與繁榮的三個支柱，也是杜絕恐怖主義滋生的最佳利器。……就國家安全而言，中共長期構思對台施行「超限戰」的策略，企圖在無預警的情況之下，以快速的全面攻勢，利用第五縱隊、巡弋飛彈、核磁脈衝、生化武器、網路駭客等方式，對我基礎設施、指揮管制系統、政治、經濟、金融中心進行破壞，藉以瓦解我軍民意志。這樣的威脅，本質上與恐怖攻擊十分類似。目前中共部署在台海沿岸的戰術導彈共計四百枚，其中江西一九二枚，福建二○八枚，並且以每年約五十枚的數量持續增加。這樣的情況已經嚴重影響台海的安全與亞太地區的穩定，也引起國際社會的高度關切。因為飛彈對台灣人民造成的恐

---

[11] 渥雷・索因卡（Wole Soyinka）著，陳雅汝譯，《恐懼的氣氛》（台北：商周出版社，2007），頁47-48；60。

懼和威脅，早已超過恐怖攻擊的極限。[12]

　　以上這段文字具有超乎常人的想像力：陳水扁認為中國長期構思對台施行的超限戰「本質上與恐怖攻擊十分類似」；而中共對台的飛彈威脅更是「早已超越恐怖主義的極限」。九一一恐怖攻擊事件與兩岸關係原本是兩個完全不同的問題範圍，卻在執政者刻意操弄下被連結起來。如此將「恐怖主義」與「中國威脅」劃上等號，又將「中國威脅」視為台灣國家安全頭號敵人的做法，就是執政者創造安全論述的典型方式。為了要有效解構統治者與政治菁英所創造出來的安全神話，我在這本書中將採取理論分析與案例研究並用的方式。除了本章緒論之外，其他各章節的安排方式如下：

　　第二章將首先回顧安全研究的歷史，以協助讀者瞭解為何「安全研究」會在20世紀中葉興起，並發展成國際關係中的一個重要學門；為何冷戰結束會引發此一領域內部的革命；以及台灣的國際關係學界是如何看待安全研究的發展及現況。

　　第三章將介紹當前安全研究的幾個主要傳統。其中強調軍事層面的傳統安全與合作安全研究以維護主權國家的安全為論述基礎，而人類安全的相關研究則以追求人的保障與福祉為其主要論點。在後實證主義的陣營中，將簡要介紹社會建構論、批判理論與哥本哈根學派安全理論，並綜合後實證主義安全理論的觀點提出一個新的研究架構。

　　第四章將由經濟角度論述安全與國內政策的關係。我將先討論傳統國際安全理論如何看待經濟與安全之間的聯繫，並導引出統治者必須在國內創造出符合其政策的安全論述以鞏固其統治權的觀點。本章將以改革開放後的中國為實例，說明中國的政治菁英如何將國家安全與改革開放的論述相結合，創造出只有共黨的威權統治才能讓中國在國際上「崛起」的論述。

---

[12] 中華民國總統府，〈陳總統九一一事件週年支持反恐談話〉，《總統府新聞稿》，2002年9月12日。

　　第五章將分析領土主權與安全之間的關係。我將挑戰傳統現實主義者以權力角度來解釋國際衝突的觀點，主張在歷史發展過程中出現的主權與領土的概念才是造成衝突的主因。為了支持此一觀點，我將以中國與印度之間的領土糾紛為實例，檢視為何中印雙方都把收復失土塑造成無可超越的最高價值。從歷史發展過程來看，中國與印度之間的領土爭議是在20世紀中葉，當兩國都接納了西方的領土主權觀之後才形成的問題，因此對主權與領土觀做出一定程度的妥協也是避免衝突的唯一解決之道。

　　第六章將探討威脅的概念與國際安全之間的關係。我將由國際關係理論出發，探討威脅如何被轉化成理念，進一步影響國際社會對安全的主流看法，在此分析的案例是恐怖主義。我的主要觀點是：恐怖主義活動是人類社會長久以來的現象，但一直未被認定是國際社會的主要威脅來源。九一一事件後，美國改變了這種認知，將基地組織描繪成全世界人民的公敵，並開始傳播全球反恐戰爭的理念。這個策略讓美國在與基地組織之間的鬥爭佔了上風，但是對於與基地組織沒有利益衝突的大部分國家而言，激進伊斯蘭教組織的威脅並不存在，這也使得美國在繼續推行反恐戰爭上出現困難。

　　第七章結論將以本研究所提出的綜合研究架構來檢視台灣的國家安全。我認為台灣近年的政治發展過程中，政治菁英對台灣安全狀態的論述一直是以「中國威脅論」或「中國市場論」的形式呈現出來。這兩套論述被化約為獨立與統一兩個選項，成為民進黨與國民黨論述台灣未來走向的主要內容。兩大政黨在社會上的權力基礎不同，國際社會對其政策的反應也不同，使得這兩套安全論述在執行時導致完全不同的結果。

　　中國改革開放、中印邊界談判、美國反恐政策與台灣國家安全等四個案例所採用的研究方法不盡相同：對中國安全觀的研究側重在對當代中國領導人與政治菁英公開發表談話內容的分析；對中印邊界談判的資料來源比較偏重新聞報導與歷史學者的研究；在美國反恐議題上，佐證的資料多來自國內外學者的專門著作，以及對美國反恐戰爭相關政策的分析；台灣國家安全問題的討論則除了對統獨問題的分析之外，再加上個人對幾年來兩岸關係發展過程重大政治事件的直接觀察與解讀。由於本書的目標設定

在對傳統國際安全理論的批判，並建構出一個可以解釋當代政治現象的新理論架構，因此在各章節中有相當大的比例是對理論與概念的分析。對四個案例的論述與資料蒐集將是點到為止，並不會做到鉅細靡遺的地步。

1959年，甫由哥倫比亞大學取得博士學位的年輕學者Kenneth Waltz以其博士論文《人、國家與戰爭》（*Man, the State and War*）一書開始在國際關係理論界嶄露頭角。他提出的三個意象（three images）投射出理解當代國際關係的三個主要分析層次：個人、國家與體系。[13] 這個架構成為後來Waltz在1979年所提出的結構現實主義（Structual Realism）理論基礎，進而奠定他在國際關係理論界的大師地位。1983年，英國學者Barry Buzan出版了《人們、國家與恐懼》（*People, States and Fear*）一書。此書由如何理解安全概念的角度出發，結合現實主義與英國學派的觀點，建構出後來被稱為「哥本哈根學派」安全理論的主要內容，也成為學界理解後冷戰時期國際安全現象的主要理論基礎。本書以「權力、主權與威脅」為名，一方面以統治權力、主權秩序與安全文化等三個面向來論述21世紀國際安全的內涵，另一方面也凸顯國際安全理論由Waltz到Buzan再到目前的發展途徑。將「人、國家、戰爭」三個面向解構為「人們、國家、恐懼」，然後再解構為「權力關係、領土主權、威脅建構」，或許能讓我們更清楚地看到影響當代國際政治發展背後的真正力量。

---

[13] Kenneth Waltz, *Man, the State and War: A Theoretical Analysis* (New York: Columbia University Press, 1959).

第二章　典範的轉移

國際安全是關於「對軍事力量的威脅、使用和控制」的研究。

——Stephan Walt[1]

對（安全）此一概念做出客觀定義是不可能的事；任何定義都源自或是為了支撐政治上的某種特定觀點。

——Steve Smith[2]

安全研究的歷史脈絡

中文的「安全」一詞原本用於描述生活安穩與生命受到保障，與「安定」之意義相近。其主體可以是個人或家庭，也可以大至朝廷國家。前者如宋范仲淹《答趙元昊書》：有在大王之國者，朝廷不戮其家，安全如故。後者如《戰國策‧齊策六》：今國已定，而社稷已安矣。[3] 因此中國古代對安全一詞的使用比較廣泛，可以泛指生活平穩安定、免除危險或動亂之類。像《左傳》中所說的「居安思危」就很典型：居安思危，思則有備，有備無患。直到現代，中文的對安全一詞的使用範圍還是比西方廣些。我們可以把安全拿來指個人（人身安全）、居住環境（社區安全），當然也能指國家（國家安全）。之所以會出現這樣的現象是因為中文的安全一詞同時涵蓋英文的 "safety" 與 "security" 兩個字，前者多半指個人

---

1 Stephen M. Walt, "The Renaissance of Security Studies," *International Studies Quarterly* 35, 1991, p. 212.

2 Steve Smith, "The Contested Concept of Security," in Ken Booth ed., *Critical Sceurity Studies in World Politics* (Boulder CO: Lynne Rienner, 2005), p.27-28.

3 蘇浩，《從啞鈴到橄欖：亞太合作安全研究》（北京：世界知識出版社，2003年）；子衫，《國家的選擇與安全；全球化進程中國家安全觀的演變與重構》（上海：三聯書店，2005年）

（例如「人身安全」的英文多半用的是personal safety，而少用personal security），後者則比較常用在國家（英文裡沒有將safety用在國家的說法）。

　　但一般人不知道的是：在古英語中，security一詞曾出現過一種以上的意義。除了一般所理解的「免於威脅」（absence from threat）之外，這個詞過去也有過度自信（overconfident）、無慮（careless）的意思。[4] 但在19世紀之後，security一詞的應用範圍被大幅窄化，幾乎只代表家庭、財產、土地等「實體」受保護而免於威脅的狀態。而強化安全狀態的工具也逐漸軍事化，如武器、軍隊等充滿軍事意涵的詞彙被大量應用到與安全相關的領域裡，使得安全一詞被賦予軍事化的意涵。[5] 到了20世紀，安全所指涉的對象幾乎只限定在主權國家（sovereign state）。Bill McSweeney指出，「國家安全」（national security）一詞是在1940年代中期之後才被廣泛運用在美國的外交政策上，這與「國家利益」（national interest）概念的出現有直接關係。[6] 另有學者指出，美國海軍部長James Forrestal於1945年8月在參議院答覆質詢時，首次使用國家安全一詞來取代過去的防衛（defense）概念。[7] 從19世紀到20世紀，歐美各國對國家軍事部門的稱呼逐漸由原本具有戰鬥動員內涵的「戰爭部」（Department of War）轉變為成防衛內涵的「國防部」（Department of National Defense）。名稱的轉換象徵著軍事動員與作戰準備不再是國家必須頻繁面對的事務，建軍與備戰反而成為國家在承平時期軍事部門的主要功能。在第二次世界大戰之前，美國一直是以「國防」（national defense）一詞來表述國家以軍事手段來保障其人民、土地與財富不受外來威脅的作為。故傳統的「防衛」概念完全以領土國界為衡量標準。然而美國參戰後發現「國家安全」（national security）

4　James Der Derian, *Anti-Diplomacy: Spies, Terror, Speed, and War* (Oxford, UK: Blackwell, 1992)

5　Bill McSweeney, *Security, Identity, and Interests: A Sociology of International Relations* (Cambridge, UK: Cambridge University Press, 1999), p. 18.

6　Bill McSweeney, *Security, Identity, and Interests* (1999), p. 19.

7　萬仞，〈國家安全新論再檢討與新思維〉，《國防雜誌》，第10卷第9期，頁14。

比「國防」更能精確表述國家以軍事或外交手段保障其「國家利益」的一切作為。[8] 作為一個從孤立主義者突然躍升為世界強權的美國，其軍事力量已經強大到突破空間限制，將國家防衛線拓展到領土之外。這樣的現象在大戰結束後更為明顯。1947年美國國會制定國家安全法（National Security Act of 1947），並依據該法規定成立國家安全會議（National Security Council）與中央情報局（Central Intelligence Agency）等機構，負起保衛美國國家安全、維護國家利益的重責大任。[9] 自此之後，維護「國家利益」成為各國國家安全政策的主要目標，而「安全」與「國家安全」二者也幾乎劃上等號。

從此時開始，以探討主權國家（sovereign state）之間戰略與軍事互動為目的相關研究逐漸發展成「國際安全」（International Security）或「安全研究」（Security Studies）的新領域。由於受到冷戰時期美蘇對立與核子武器出現的影響，早年國際安全學者關切的焦點一直環繞著如何建立更有效的核子嚇阻理論，以及如何透過美蘇兩大超強之間軍事力量的平衡來保持和平。軍事意義上的安全不僅成為整個研究領域裡最為關鍵的課題，而且長期支配著學者的思維模式與研究方向。

冷戰時期安全研究的形成與發展完全源自於當時決策者對核子大戰的恐懼，但也促成此一領域的第一個所謂的「黃金時期」（golden age）。整個1950年代，學界投注大量心力來探討核武時代最關鍵的戰略問題：如何在避免爆發核子大戰的情況下將核武運用為有效的嚇阻工具。「嚇阻理論」（deterrence theory）企圖以抽象方式解釋國家如何運用核武以有效制約其他國家，是在這段時期最被廣泛運用的理論之一。此外，如何以傳統武器來執行有限戰爭（limited warfare）的相關研究，以及武器管制（arms

---

[8]　Bill McSweeney, *Security, Identity, and Interests* (1999), pp. 19-20.

[9]　社會大眾對這種將安全與國家緊密聯繫在一起的形象其實並不陌生，透過通俗作家如Tom Clancy的作品及其小說所改編的一系列好萊塢電影，一般人可以看到John Ryan博士以CIA幹員的身份奮力對抗威脅美國自由民主價值的敵人，無論這些敵人是恐怖份子、毒梟、還是新納粹狂熱份子。另一方面，許多威權國家動輒以維護國家安全之名迫害國內的異議份子或是意圖獨立的少數民族，則是「國家安全」出現後的另一種效應。

control）的概念也首度被提出。和兩次大戰期間不同的是，國際安全不再只限於軍方或有軍事背景的學者所專屬的研究議題，而發展成一個整合政府與民間資源，並針對當時國際戰略情勢提出有效對策方法的熱門領域。[10]

在1960年代後，國際安全理論的發展曾經有一段相當長的時間呈現停滯狀態，學界對此曾提出不同的解釋，有人認為當時安全與戰略學界所發展出的一些理論都已出現瓶頸。舉例而言，美國學者發現核子嚇阻理論不能解釋第三世界風起雲湧的各種民族主義運動與農民革命；既有的各種安全理論根本無法解決美國在越南戰爭的挫敗。曾經建立在實用目的之上的安全理論似乎已經失去其實用價值。另有學者指出，1960及1970年代出現的和平運動與和平研究（peace studies）在相當程度上抵銷了學界專注對軍事戰略議題的興趣。[11]

即便如此，「安全」在國際關係學界仍然是一個未被深入討論的概念。雖然在國際關係理論中討論「安全」的書籍和理論極多，但正如同Barry Buzan所言，學界一直未對這個概念形成一個普遍接受的定義。[12] 國際政治學者最常引用的是Arnold Wolfers在1962年所提出的說法：

> 安全，在客觀意義上意指既有價值不受威脅；在主觀意義上意指對既有價值可能遭受攻擊不感恐懼（security, in an objective sense, measures the absence of threats to acquired values; in a subjective sense, the absence of fear that such values will be attacked）。[13]

---

[10] Stephen M. Walt, "The Renaissance of Security Studies," *International Studies Quarterly* 35, 1991, pp. 213-214.

[11] David A. Baldwin, "Security Studies and the End of the Cold War," *World Politic* 48, October 1995, p. 124.

[12] Barry Buzan, *People, States and Fear: An Agenda for International Security Studies in the Post-Cold War Era* (Boulder CO: Lynne Rienner, 1991), pp. 3-4.

[13] Arnold Wolfers, *Discord and Collaborations: Essays on International Politics* (Baltimore: Johns Hopkins Press, 1962), p. 150.

　　這樣的定義其實並沒有清楚說出被保護的對象是國家（state）、社群（community）還是民族（nation），也沒有告訴我們什麼才算是「既有價值」，是一個社群的基本價值（core values）、關鍵利益（vital interests）還是生存發展的權利（rights to survival and development）？雖然部分學者提出其他表述人類社會現象的概念如正義（justice）、和平（peace）同樣缺乏明確定義，但對一個獨立的研究領域而言，定義明確與否將直接影響到其基本假設、指涉對象（referent object）與建立客觀評量標準的可能性。由於定義不明確，使得學者在論述這個領域的基本假設、指涉對象與評量標準時往往面臨許多難題。

　　首先，許多學者對安全概念的理解上是建立在「免於威脅」（absence of threat）的基本假設上。就如同政治學者認為追求權力（pursuit of power）是研究政治現象的基本假設一樣，安全學者也認為安全應被表述為「免於威脅」的狀態。安全與威脅二者向來就密不可分：威脅愈大，安全程度愈小。然而威脅如何認定？以冷戰來說，自由國家陣營認定共產主義的存在是其安全威脅，但共產主義的威脅究竟在哪裡？是軍事上的？意識形態的？還是經濟上的？還是以上的總和？在安全研究的發展過程中，威脅如何認定的問題並沒有獲得應有的重視，大多數研究者只是籠統地把如何減少、甚至免除軍事上的威脅視為安全狀態的指標。1982年Richard Ullman曾嘗試將此一問題搬上檯面。他指出：安全的軍事化與國家化傾向使得政府往往必須消耗大筆預算來建設國防，以預防敵國可能發動的軍事攻擊，即使這樣的攻擊發生的機率已經微乎其微。他認為一場大地震造成的損害也許不亞於一枚核彈，而加州在五十年內發生地震的機率也遠遠高於核戰爆發的機率，然而美國政府投入大量預算來製造核子武器與建設核戰避難設施，卻從未投注預算在防範地震所可能造成的危害。Ullman認為這樣的比較更能凸顯出安全概念軍事化所帶來的扭曲效應，也主張安全研究應該將重心放在非軍事層面對國家存在所造成的威脅，特別是人類對地

球資源需求增加但分配不均對人類生存的潛在威脅。[14] Ullman可說是第一位提出環境安全（environmental security）概念的學者，但這樣的主張在當時並沒有引起其他學者的共鳴，這或許與1980年代初期美蘇冷戰氣氛再度升高有關。學界正式對安全的基本假設進行嚴肅辯論必須等到冷戰結束之後。

其次，安全研究學者多半沒有嚴肅探討安全的「指涉對象」。究竟安全政策的最終目的是保障誰的安全？個人？國家？國際體系？受到國際關係理論中現實主義（Realism）的影響，幾乎所有的研究都將主權國家視為安全的主要指涉對象。現實主義者主張國際是國際政治體系中的主要單元，保障主權國家的生存與發展是維持國際政治體系穩定運作的主要途徑。保障國家「安全」的最主要方式是強化國防力量，維持戰略上的優勢，以免受其他國家的軍事威脅。但國家的安全真的能保障國際社會的和平與穩定？在國家與人民之間可以看到安全概念的基本矛盾：幾乎所有國家都宣稱追求「國家安全」的目的在保障其人民的生命財產不受侵犯，但國家為了達到安全的目的所執行的手段有時反而直接威脅人民。個人追求安全（例如少數民族爭取其獨立地位）也可能成為本國或是他國的安全問題。一個國家追求絕對的安全不僅會威脅到其他國家的生存，也可能影響國際體系的秩序與穩定（如日本與德國在20世紀初的軍事擴張）。在安全理論發展的過程中，這樣的問題其實並未獲得充分討論。

在理論發展過程中，另一個關鍵的問題是：如何建立一個客觀的標準來評估安全的程度。一個國家軍事力量的強弱是可以估算出來的，但是強大的軍事力量並不一定能轉化成安全。舉例而言，擁有數千枚核子飛彈的超級大國（例如俄羅斯）不一定比沒有核彈的鄰近小國（例如芬蘭）更安全；而兩個敵對國家之間為了追求安全而拼命增加軍備的結果，反而可能昇高軍事衝突發生的機率，這也就是國際政治學者所說的安全困境（security dilemma）；此外，擁有世界最先進武器的國家不一定就能免於

---

[14] Richard H. Ullman, "Redefining Security," *International Security,* Vol. 8, No. 1 , Summer 1983, pp. 15-39.

威脅：今日美國擁有全世界最先進的軍事技術，卻不能防範九一一恐怖攻擊的發生。因此安全程度的估算牽涉到的不僅僅是研究方法的選擇，也觸及了另一個更為核心的問題：安全概念究竟是不是能以程度方式的來度量？早年研究安全學者對這個問題似乎沒有共識，但即使認為能將安全簡化為程度的人也承認：即使安全能夠衡量，也無法達到絕對安全（absolute security）的程度。[15] Barry Buzan認為這是安全概念在邏輯上的一個漏洞。[16]

　　既然安全研究早在成立之初就繼承了許多未解的矛盾與難題，為何仍能在冷戰時期迅速發展成一個單獨的研究領域？主要原因大概是因為早年國際安全的相關理論完全是為了實用目的而建立。Buzan指出，冷戰時期絕大部分關於國家安全與國際安全的著作都與戰略研究有關，內容多在處理國家在現實環境下所面臨的安全問題。這類研究具有濃厚的政策取向、以討論軍事領域的威脅為主，但對於什麼是安全、安全的概念如何定義幾乎少有討論。[17] 與安全領域相關但實際用法不同概念有「集體安全」（collective security）與「安全困境」。前者是在第一次世界大戰之後，國際社會為防止戰端再起所設計的機制，主張國際社會可經由某種協定強制約束所有成員採取集體行動的方式來維持和平。集體安全的目的是藉由成員的集體力量，防止政治現狀及權力平衡遭到破壞。[18] John Herz所提出的「安全困境」則是在冷戰初期挑戰傳統安全研究的最主要概念：一個國家為了強化安全所添加的武器與防備措施往往被其他國家視為挑釁，因而也

---

[15] David Baldwin, "The Concept of Security," *Review of International Studies Issue* 23, 1997, pp. 14-15.

[16] Barry Buzan, *People, States and Fear: An Agenda for International Security Studies in the Post-Cold War Era* (Boulder CO: Lynne Rienner, 1991), p. 330.

[17] Barry Buzan, *People, States and Fear* (1991)

[18] Lynn H. Miller, "The Idea and the Reality of Collective Security," in Paul F. Diehl ed., *The Politics of Global Governance: International Organizations in the Interdependent World* (Boulder: Lynn Rienner, 2005), pp. 197-198.

增加軍備來保障自身安全，進而造成所有國家投入軍備競賽的結果。[19] 可惜冷戰的特殊國際政治環境無法提供這些概念更多發揮與運用的空間。[20]

　　Dan Caldwell與Robert E. Williams Jr.認為冷戰時期名為的「國際安全」的眾多研究其實不過是「國家安全」的研究。[21] 更精確的說，此一領域是研究國家決策者如何以政治或軍事手段避免爆發核子大戰等實際問題。因此學者並未投入太多心力處理基本假設矛盾與定義不明確等問題。但這樣的作法不代表安全理論所隱含的矛盾可以被完全忽略。尤其是在冷戰結束之後，當軍事安全不再是國際安全學者關切的重點，安全概念的基本假設、指涉對象與安全程度的衡量標準就成為許多新一代學者關切的話題。

　　冷戰的結束完全顛覆了傳統以軍事安全為中心的基本假設，也促使學者重新思考將「安全」等同於「國家安全」的必要性。經過十多年的摸索與辯論，原本定於一尊的學門已經產生極大的變化。今日的國際安全研究，無論在理論深度和議題開發上都有相當大的進展。Dan Caldwell與Robert E. Williams Jr.將後冷戰時期安全研究的新發展稱為由「傳統典範」（traditional paradigm）向「新典範」（new paradigm）的轉變。[22]

新典範的興起

　　Caldwell與Williams Jr.認為，新典範的安全研究基本上是沿著兩條路線發展：第一是關於安全研究的範圍，也就是非軍事議題是不是應該被納

---

[19] John Herz, "Idealist internationalism and the security dilemma," *World Politics* 2, 1950, pp. 157-180.

[20] Barry Buzan, *People, States and Fear* (1991), p. 4.

[21] Dan Caldwell and Williams, Robert E. Jr., *Seeking Security in an Insecure World* (Lanham, Maryland: Rowman and Littlefield, 2006), p. 6.

[22] Dan Caldwell and Williams, Robert E. Jr., *Seeking Security in an Insecure World* (2006), pp. 6-7.

入安全研究的範圍。第二是關於安全指涉的對象，主要是探討如何脫離傳統現實主義思維來重新理解安全的概念。Richard Wyn Jones將前者稱為安全研究的擴大（broadening）、將後者稱之為深化（deepening）。[23] 國內學者莫大華則將此一過程泛稱為安全研究的論戰。[24]

關於研究範圍擴大的爭論與冷戰後學者將研究興趣轉移到對人類生存環境的關切有關。雖然Richard Ullman早在1983年便主張由資源供給與分配不平均的角度來重新檢視「安全」一詞的意義，但真正喚起學界對此一概念重新定義的文章是1989年由Jessica Tuchman Mathews發表的一篇名為〈重新定義安全〉（Redefining Security）的文章。[25] 她主張地球生態的急遽惡化與人口不斷增加已經威脅到人類未來的生存，然而各國政府卻未採取一致行動加以補救。她呼籲學界與政界將傳統專注在軍事層面的安全的討論擴大到能處理攸關人類未來生存與發展的相關議題，特別是環境、資源與人口成長等問題。Mathews之後，環境安全（environmental security）迅速躍升為研究國際政治的熱門議題。

當然並非所有學者對這樣的發展都採取歡迎態度。對擁護軍事安全觀的學者而言，主權國家是否會受到外部的武力威脅將永遠是政治家關切的目標。早在1988年Joseph Nye與Sean Lynn-Jones所發表的一篇檢視整個安全研究領域的文章便指出，即使安全研究的界線難以認定，但是安全研究所關心的核心議題仍然是分析在國際體系中戰爭與衝突的原因、探討威脅的本質，以及有效降低威脅或解決衝突的手段。因此安全研究基本上仍是一個「政策取向」（policy-oriented）的領域，關注的是軍事及其他對國家

---

[23] Richard Wyn Jones, *Security, Strategy and Critical Theory* (Boulder, CO: Lynne Rienner, 1999) p. 103.

[24] 莫大華，《建構主義國際關係理論與安全研究》（台北：時英出版社，2003年），頁221-252。

[25] Jessica Tuchman Mathews, "Redefining Security," *Foreign Affairs,* Vol. 68, No. 2, Spring 1989, pp. 162-177.

生存構成威脅的力量。[26] Nye與Lynn-Jones也承認安全研究領域除了早年發展出的嚇阻與武器管制相關理論外，在理論上並沒有太多的突破。Stephen Walt在1991年發表的論文則被視為傳統安全研究學者捍衛其觀點的代表之作。他明確宣示：由於組織性武裝力量永遠是人類生存發展過程中所持續關注的焦點，因此任何試圖瞭解人類社會演進的研究都必須將軍事角色列為重要考慮。[27] 因此國際安全應被定義為「對軍事力量的威脅、使用和控制的研究」。[28]

　　因此當時主張繼續研究軍事安全的「狹義派」與支持擴大研究範圍的「擴大派」之間爭執的焦點有二：第一，「國家」是否為安全研究中唯一的指涉對象；第二，安全研究是否應該只限定在軍事層面，以維持此一領域的一致性。Edward Kolodziej便認為Walt的主張太過狹隘，完全忽略了其他可以協助我們瞭解並解釋安全真正意義的理論。[29] David Baldwin也認為，安全所涵蓋的範圍必需適時擴大以符合國際政治的變化趨勢。[30] 在研究範圍的界定上，擴大派學者認為，任何對人類生存可能產生威脅的議題，如生態環境惡化、糧食能源短缺、種族衝突、恐怖主義、疾病傳播，甚至貧窮問題都應該納入國際安全的研究範圍。此外對國家安全的威脅既有可能來自國外，也有可能來自國內：冷戰結束後在世界各地相繼爆發的種族與宗教衝突並非外國以軍事力量干涉所致，卻讓這些地區人民的生命財產備受威脅。受到20世紀國際政治發展的影響，學者習慣將衝突限定在

[26] Joseph S. Nye Jr. and Sean M. Lynn-Jones, "International Security Studies: A Report of a Conference on the State of the Field," *International Security*, Vol. 12, No. 4, Spring 1988, pp. 6-7.

[27] Stephen M. Walt, "The Renaissance of Security Studies," *International Studies Quarterly* 35, 1991, p. 213.

[28] Stephen M. Walt, "The Renaissance of Security Studies," *International Studies Quarterly* (1991), p. 212.

[29] Edward Kolodziej, "The Renaissance of Security Studies? Caveat Lactor!" *International Studies Quarterly* 36, 1992, p. 421.

[30] David A. Baldwin, "Security Studies and the End of the Cold War," *World Politics* 48, October 1995, pp. 133-134.

主權國家之間的軍事衝突，使得安全研究的成果過於狹窄，不易對由非軍事因素所引起的安全危機提供有效的解決方法。反對者的主要理由則是：如果將研究範圍無窮擴大，將使得國際安全這樣的學門與其他領域（如人權、環境）毫無分別。

　　這次爭論並未產生任何共識，但自此之後，強調繼續研究「國家如何免受軍事威脅」的狹義派與強調「維護人類生命與生存環境」的擴大派已成為1990年代中期之後國際安全研究在研究範圍與研究對象上的兩個不同派別。1990年代初期所出版的幾本探討後冷戰時期國際安全環境的相關著作，如Michael T. Klare與Daniel Thomas所編之《世界安全：新世紀的挑戰》（*World Security: Challenges for A New Century*, 1994）與David Dewitt、David Haglund、John Kirton等人所編之《建立新全球秩序：國際安全的新趨勢》（*Building a New Global Order: Emerging Trends in International Security*, 1993），都對安全一詞採取廣義的定義，並將環境、經濟、能源等議題納入安全的討論範圍。[31]

　　安全研究深化的起源是部分學者企圖把國際政治理論由過去專注在行為者（actor）利益（interest）和行為（behavior）的實證主義傳統（positivism）提升到知識論（epistemology）甚至本體論（ontology）的層次，直接挑戰傳統實證主義所建立理論的正當性。最早將這樣的想法帶入安全研究領域的是1990年代中期一系列關於安全與文化（culture）之間關係的研究。[32] 受到國際關係理論中的社會建構論（social constructivism）啟發，這些學者認為過去國際安全研究太受到現實主義的影響，以致將國

---

[31] Michael T. Klare and Daniel Thomas eds., *World Security: Challenges for A New Century* (New York: St Martins, 1994); David Dewitt, David Haglund, John Kirton eds., *Building a New Global Order: Emerging Trends in International Security* (Oxford, UK: Oxford University Press, 1993)

[32] Keith Klause ed., *Culture and Security: Multilateralism, Arms Control, and Security Building* (1999); Peter J. Katzenstein ed., *The Culture of National Security: Norms and Identity in World Politics* (New York: Columbia University Press, 1996); Michael Desch "Culture Clash: Assessing the Importance of Ideas in Security Studies," *International Security*, Vol. 23, No. 1, Summer 1998; Alastair Iain Johnston, "Thinking about Strategic Culture," *International Security*, Vol. 19, No. 4 , Spring, 1995, pp. 32-64.

家（state）、權力（power），甚至國際體系（international system）等概念視為人類社會中客觀存在的事實，不曾質疑國際社會為何永遠處於無政府狀態（anarchy），也從不否認主權國家必須是主要的研究對象。他們認為：當今人類對主權國家與國際社會中的無政府狀態的理解僅僅是特殊歷史與社會條件下的產物，而不是客觀存在的事實。而過去研究國際政治中行為者（通常是國家）的利益或行為，忽略了行為者本身對周遭環境或其他行為者的理解其實是受制於行為者與周遭環境的關係，而直接認定行為者是依理性自利的原則來行事。從反思的角度來看，人類所理解的國際政治的現象其實是歷史發展過程中某些具有主導地位的規範（norms）影響人類思想的結果，而行為者的利益並不能單純以效益極大化（utility maximization）的理性原則（rationality）來解釋，必須追溯行為者在環境影響下所建構出的特定身分（identity）。如果不去深究這些規範和身分的起源，直接把行為者的利益和行為當成研究對象，便不能準確地理解行為者與外在環境之間的關係，更遑論探究安全的真正意義。

　　這些支持以後實證主義為方法論基礎的學者在1990年代中撰寫了許多挑戰傳統安全研究的精彩作品，其中比較值得注意的是Ronnie Lipschutz所主編之《關於安全》（*On Security*, 1995）以及Keith Krause與Michael Williams所主編的《批判安全研究》（*Critical Security Studies*, 1997）。[33] Peter Katzenstein等人主編之《國家安全的文化：世界政治中的規範與認同》（*The Culture of National Security: Norms and Identity in World Politics*）[34] 與馬來西亞學者Muthiah Alagappa所主編之《亞洲安全實踐：物質與理念影響》（*Asian Security Practices: Material and Ideational Influences*）則是將

---

[33] Ronnie Lipschutz, *On Security* (New York: Columbia University Press, 1995); Keith Krause and Michael Williams, *Critical Security Studies* (Minneapolis: University of Minnesota Press, 1997)

[34] Peter J. Katzenstein ed., *The Culture of National Security: Norms and Identity in World Politics* (New York: Columbia University Press, 1996)

社會建構論研究方法引進安全研究領域的最重要嘗試。[35] 此外，Barry Buzan與Ole Waever建立的哥本哈根學派（Copenhagen School）安全理論與Richard Wyn Jones所堅持的批判理論（Critical Theory）路線企圖同時在廣度與深度做發揮（將在下章深入探討）。[36、37] 可惜的是，傳統安全研究學者甚少對這些批評做出回應，在一些主要的研究期刊上，傳統派學者繼續將焦點放在世界主要強權之間的戰略互動；而後實證主義論者也逐漸在學界站穩腳步，並開始將其基本假設應用在實際研究之上。歷經兩次的分裂與整合，國際安全研究終於在21世紀之初進入一個全新的時代。

　　圖2.1標明了以上所介紹的學者在「安全研究議題」與「安全概念理解」兩種研究方向所形成的座標上，以及上述所提及之學者在座標上之位置。今日的國際安全研究，無論在理論深度和議題開發上都有相當大的進展。雖然並不是所有學者都認為安全研究已經達到Thomas Kuhn在《科學革命的結構》（*Structure of Scientific Revolutions*）一書中所宣稱的「典範轉移」（paradigm shift）的地步，但歷經1990年代的兩次分裂之後，此一領域確實已經打破由現實主義與軍事安全獨霸的局面，呈現出百家爭鳴的景象。[38] 最明顯的例子是2007年間出版，由Alan Collins主編之國際安全理論教科書《當代安全研究》（*Contemporary Security Studies*），其內容已經不再只是傳統軍事或戰略安全，而是將非傳統議題、後實證主義研究內容都涵蓋在內。預料這將是未來整個國際安全理論發展的主要方向。[39]

　　目前台灣國際關係學界對以上國際安全理論發展及現況的介紹仍然十

---

[35] Muthiah Alagappa ed , *Asian Security Practice: Material and Ideational Influences* (Stanford, CA: Stanford University Press, 1998)

[36] Barry Buzan, Ole Waever, and Jaap De Wilde, *Security: A New Framework for Analysis* (Boulder: Lynne Rienner Publishers, 1998)

[37] Richard Wyn Jones, *Security, Strategy and Critical Theory* (Boulder, CO: Lynne Rienner, 1999), p. 5.

[38] Thomas Kuhn著，程樹德等譯，《科學革命的結構》（台北：遠流出版社，1991年）。

[39] Allans Collins ed., *Contemporary Security Studies* (Oxford University Press, 2007)

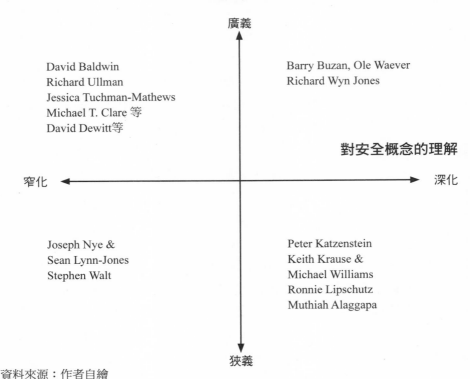

安全議題的內容

廣義

David Baldwin
Richard Ullman
Jessica Tuchman-Mathews
Michael T. Clare 等
David Dewitt等

Barry Buzan, Ole Waever
Richard Wyn Jones

對安全概念的理解

窄化 ⟵————————⟶ 深化

Joseph Nye &
Sean Lynn-Jones
Stephen Walt

Peter Katzenstein
Keith Krause &
Michael Williams
Ronnie Lipschutz
Muthiah Alaggapa

狹義

資料來源：作者自繪

圖2.1　後冷戰時期安全研究發展

分有限，即使後實證主義理論如Wendt的社會建構論觀點已經漸漸為學界所熟知，但國際安全理論仍然以傳統軍事安全為主，而國內學者重視實際政策研究的傳統也使得國際安全理論的相關著述與西方理論界之間存在一定的差距。趙明義的著作《國家安全的理論與實際》一書是一典型案例。他將國家安全定義為：「國家能適時有效運用其政治、經濟、軍事、外交、情報等手段，提高國家地位，抗拒外來威脅，消除內部不安，進而增進國家利益，保障國民福祉的政策與能力」。因此國家的一切作為「以能滿足國家安全需要為優先」。[40] 這個論點的主要問題是混淆的國家安全

---

[40] 趙明義，《國家安全的理論與實際》，（台北：時英出版社，2008年），頁19。

（national security）與安全戰略（security strategy）兩個概念，他所認定的
國家安全內容其實是為了促進國家安全狀態所設計的戰略。而西方學者如
Barry Buzan則早就主張將這兩類研究分開處理。[41] 近年來國內陸續有以
「國際安全」或「國家安全」為主題之專書出版，但多數仍是以案例研究
為主，只有少數學者曾經注意關於國際安全理論在冷戰結束後的新發
展。[42] 其中萬仞的研究偏重在對國家安全概念的介紹，以及冷戰結束對安
全研究所帶來的衝擊。[43] 萬氏的論文認為安全觀念歷經數十年演變，範圍
已經由狹隘的軍事安全轉為廣義的綜合安全，但對武力的使用及控制仍然
是最核心的議題。陳欣之的研究著重在冷戰前後安全研究範圍在水平與垂
直範圍的擴展，也論及「九一一恐怖攻擊」所揭示新衝突型態對當代安全
研究產生的衝擊。[44] 林碧炤的研究則由全球治理（global governance）的觀
點出發，試圖闡述國際安全理論如何處理治理與合作的問題。[45] 陳牧民則
嘗試由經濟角度來解釋後冷戰時期國際安全環境的變化，以重建國際安全
理論與國際政治經濟學之間的聯結。[46] 這三人的研究都偏重介紹當代國際
關係理論對國際安全研究的影響，特別是國際關係理論的新發展如何牽動
安全研究的走向。莫大華的研究主要在介紹國際安全研究在1990年代發生
的論戰，並詳細敘述「傳統派」、「擴展派」與「批判派」的論點，但其結
論似乎又回到傳統安全研究的觀點：「個人認為安全研究必須是科技整合

---

[41] Barry Buzan, *People, States and Fear*（1991），p. 25.

[42] 王崑義，《全球化與台灣：陳水扁時代的主權、人權與安全》（台北：創世文化，2002年）；袁易，《中國遵循國際導彈建制的解析：一個社會建構論的觀點》（台北：五南出版社，2004年）；王央城編，《戰略與區域安全》（台北：國防大學戰略研究所，2006年）。

[43] 萬仞，〈國家安全新論再檢討與新思維〉，《國防雜誌》，第10卷第9期，頁14。

[44] 陳欣之，〈國際安全研究之理論變邊與挑戰〉，《遠景基金會季刊》，第4卷，第3期，2003年7月，頁1-40。

[45] 林碧炤，〈全球治理與國際安全〉，《國際關係學報》，第16期，2001年，頁157-171。

[46] 陳牧民，〈經濟與安全：全球化時代的新安全理論〉，《全球政治評論》，第12期，2005年12月，頁19-46。

及政策取向，以提出降低戰爭風險的政策建議為目的」。[47] 整體而言，台灣對安全研究的介紹與分析大多僅止與對當代西方（特別是美國）理論的介紹，並未發展出獨立甚至批判的觀點。這樣的現象固然有歷史或現實原因，但也顯示在安全理論的建構上，台灣國際關係學界仍然有極大的發揮空間。在下一章中，我將繼續介紹目前國際安全理論界的新發展，並試圖提出一個具有批判觀點的安全研究架構。

---

[47] 莫大華，〈「安全研究」論戰之分析〉，《問題與研究》，第37卷，第8期，1998年8月，頁31。

第三章　從實證到後實證主義

理論總是爲某些人和某些目的服務

　　　　　　　　　　　　　　　　　　　　——Robert Cox[1]

前言

　　如前一章所述，在研究範圍擴大與理論基礎深化等兩大潮流影響下，今日的國際安全研究不再像冷戰時期一樣，把研究範圍限定在主權國家如何免受軍事威脅，而忽略掉對「安全」真正意義的探索。但我們絕不能就此論定傳統安全的研究已經完全沒落。事實上，在安全研究領域裡，仍有相當數量的學者堅信主權國家仍然是當前國際社會最基本的單元，而主權國家如何避免遭受外來軍事威脅應該是安全研究中最重要的研究主題。這些研究者多半是現實主義傳統的捍衛者，主張「權力」仍是研究國際政治的核心概念，而戰爭與和平的關鍵在於國際體系內主要強權之間的權力關係是否保持平衡。冷戰的結束只是暫時改變了國際政治體系中強權的數目與強權之間的互動關係，並未改變國際政治的本質與運作方式。這群學者對安全的概念是否應該涵蓋對人類生命與基本價值的維護往往抱持懷疑態度，認為軍事層面的安全不僅繼續影響著各國決策者的思維，也將繼續主導未來國際政治的基本走向。在安全研究領域裡，維護「傳統軍事安全」論的學者仍然居主導地位，特別是在美國，大部分刊載在主流學術期刊如《國際安全》（*International Security*）及《生存》（*Survival*）的文章都可被歸類為「軍事安全」論的支持者。

---

[1] Robert W. Cox and Timothy J. Sinclair, *Approaches to World Order* (New York: Cambridge University Press, 1996), p. 87.

　　除了傳統安全的觀點之外，大多的研究強調國家與國家之間應該以合作及協商的方式減少衝突、以應付未來的共同威脅，「合作安全」（cooperative security）與「綜合安全」（comprehensive security）的說法因應而生。而強調非軍事層面的安全論述則集中在1990年代中期之後所發展出「人類安全」（human security）概念及其相關研究。

合作安全與綜合安全

　　沿襲傳統安全的思維，但傾向以合作而非對抗的方式處理安全議題的有「合作安全」與「綜合安全」等概念。合作安全出現的主要原因是冷戰結束，東西陣營之間意識形態的對抗不再是國際關係的核心議題，因此歐美部分參與安全事務決策的政治領袖開始倡議各國應該以協商、預防、合作的方式面對未來共同的安全威脅。大力提倡此一概念的美國前國防部長裴利（William Perry）將合作安全定義為：「以共同協商並獲得共同利益的方式，投入在軍事力量上關於規模、技術內涵、投資方式及實際行動上的合作」（commitment to regulate the size, technical composition, investment patterns, and operational practices of all military forces by mutual consent for mutual benefit）。澳洲外長Gareth Evans進一步闡釋合作安全的意義為協商而非對抗，以建立信心措施（confidence-building mechanism）及對話的方式確保彼此安全。[2]近年來積極提倡合作性安全的學者有專注在東亞安全研究的Peter Van Ness與Mel Gurtov。他們致力於探討在東亞地區建立以合作性安全為目的的理論與政策，並認為東南亞國協（Association of Southeast Asia Nations, ASEAN）與解決北韓核武危機的六方會談（Six

---

[2]　Gareth Evans, "Cooperative Security and Intra-State Conflict," *Foreign Policy*, Fall 1994, No. 96, pp. 3-4.；另見：陳欣之，〈國際安全研究之理論變遷與挑戰〉，《遠景基金會季刊》，第4卷，第3期，2003年7月，頁1-40。

Party Talks）是合作性安全在亞洲出現的具體例證。[3]

　　與此相關的「綜合安全」概念則認為安全的內涵與議題已隨著時代變化而不斷豐富，特別是冷戰結束以來，安全內涵不斷拓展，其所涉及的領域超越了傳統的軍事安全和政治安全，而包括經濟安全和環境安全在內的非傳統安全問題。東協國家在安全議題上十分重視綜合安全的概念，強調經濟秩序與社會穩定是一個國家生存的基礎，因此各國內部與區域間政治、經濟秩序的穩定是維持區域和平的重要關鍵。[4]中國外交部在1990年代後期所提出的「新安全觀」也近似綜合安全。

人類安全

　　「人類安全」一詞最早出現在1994年由聯合國發展計畫（United Nations Development Programme）所發表的《1994年人類發展報告》（*1994 Human Development Report*）。報告中提出安全的概念過去長期被窄化為對國家軍事領土利益的維護，而忽略了安全的真正目的是要保障人類的生存。因此必須建立一種以保障人類生存為最高目的的新安全觀。報告並列舉出人類安全的七大領域：經濟安全、糧食安全、健康安全、環境安全、人身安全、社區安全、政治安全。最後報告呼籲世界各國採取實際行動以落實人類安全的理念，特別是協助人民改善衛生與教育環境，使其具備基本的生存能力，並透過各項行動計畫，保障各地人民都能享受經濟成長的果實。[5]

---

[3]　Peter Van Ness, "Why the Six Party Talks Should Succeed", *Asian Perspective*, Vol. 29, No. 2, 2005, p.231-246; Peter Van Ness, "Reconciliation between China and Japan: the Key Links to Security Cooperation in East Asia" *Asian Perspective*, Vol. 31, No. 1, 2007, p.7-13.

[4]　Allan Collins, *Security and Southeast Asia: Domestic, Regional, and Global Issues* (Boulder CO: Lynn Rienner, 2003), p. 130.

[5]　United Nations Development Programme, *United Nations Development Report 1994*, (New York: Oxford University Press, 1994)

　　人類安全概念的出現產生兩種效果：第一是部分國家決定將人類安全作為其對外政策的準則，並積極建立促進人類安全的機構及網絡；[6] 第二是部分學者決定將人類安全作為對傳統安全概念的修正，並嘗試建立起一系列關於如何促進人類安全的研究。[7] 這兩種途徑都遭遇到相同的問題，也就是人類安全一詞缺乏明確的定義，而如何促進人類安全的方法所牽涉的範圍更廣，使得人類安全所關切的對象與人權、健康衛生、經濟發展、環境保護等其他促進人類福祉的領域毫無差別。[8] 即使如此，人類安全的概念仍可被視為自1980年代Richard Ullman、Jessica Tuchman Mathews等學者嘗試以「人」而非「國家」作為指涉對象所建立新研究領域的延續。在這一領域內，學者感興趣的不是從社會學或哲學理論的角度來探討安全的真義，而是建立一些可測量的指標來檢視不同社會內人類生活受保障的程度。定義上的模糊也使得人類安全成為部分國家、非政府組織與學術界在促進人類福祉的共同目標下所建立的一個合作平台。舉例而言，Gary King與Christopher J. L. Murry嘗試對人類安全建立一個比較完整且可以度量的研究架構。在這個架構中，兩人將人類安全定義為「脫離貧窮狀態後的預期壽命」（expectations of years of life without experiencing the state of generalized poverty），並提出五個測量人類安全程度的指標：收入、健康、教育、政治自由及民主。[9] 但這類研究所測量出的人類安全程度往往並不能反映出實際狀況：住在富裕國家但有政治衝突地區的居民（例如北

---

[6] 特別是加拿大、挪威、日本等國。加拿大等12個國家也在2001年建立Human Security Network作為促進人類安全的國家之間正式的合作機制。

[7] 例如Gary King與Christopher Murry所進行的研究；Gary King and Christopher J. L. Murry, "Rethinking Human Security," *Political Science Quarterly*, Vol. 116, No. 4, Winter 2001-2002. p.585-610.

[8] 關於對人類安全定義與範圍的批評，見Roland Paris "Human Security: Paradigm Shift or Hot Air?" *International Security*, Vol. 26, No. 2, Fall 2001. P.87-102; Yuen Foong Khong Jul-Sep. "Human Security: A Shotgun Approach to Alleviating Human Misery?" *Global Governance*, Vol. 7, No. 3, 2001, p.231-236.

[9] Gary King and Christopher J. L. Murry, "Rethinking Human Security," *Political Science Quarterly*, (Winter 2001/2002), p.598.

愛爾蘭首府伯爾發斯特）或許享有極高的人類安全指數，卻不覺得自己的生活是絕對安全。[10]

合作安全、綜合安全與人類安全是目前「實證主義」傳統下安全研究的主要方向。前二者強調「國家」仍然是整個安全研究的主體，對威脅的認定以及維護安全的措施，仍然停留在純粹軍事的考量；而「人類安全」的概念將人類的生命與福祉做為理解安全與威脅的基礎，雖頗具革命性與說服力，但由於學界對於這個概念的定義太過模糊，反而使得人類安全難以發展出有系統的研究計畫、也不可能取代傳統安全研究的主流地位。

非傳統安全學者對理論採取了截然不同的態度。他們所關注的是更根本的問題：例如「何謂安全？」「誰的安全應受到保護？」「透過何種角度來理解安全？」在理論上，非傳統安全研究學者強烈質疑傳統現實主義者對「安全」的理解，認為學界將安全扭曲解釋為純粹「軍事層面」的安全主要是因為傳統學者受實證主義影響影響太深，進而將「主權國家」與「國際政治的無政府狀態」（anarchic nature of international politics）當成客觀存在實體（objective realities）的結果。在批判主流理論的大旗下，至少存在著三種不同的研究取向：社會建構論（Social Constructivism）、批判理論（Critical Theory）與哥本哈根學派（Copenhagen School）。[11]

社會建構論

社會建構論的觀點以美國學者Alexander Wendt為代表，專注在批判現實主義只重視有形物質力量（material forces）卻忽略理念（ideational factors）的影響。他們認為，國際政治中主要行為者之間的關係（友好或是敵對）取決於這些行為者在環境影響下所建構出的特定身分

---

[10] Roland Paris, "Human Security: Paradigm Shift or Hot Air?" *International Security*, Vol. 26, No. 2, Fall 2001, p. 95.

[11] 哥本哈根學派一詞的由來，是因為該學派的領導人如Ole Waever與Barry Buzan都在丹麥的哥本哈根和平研究所（Copenhagen Peace Research Institute）進行研究。

（identity）。一般學者對Wendt社會建構論的理解主要是根據他在1999年所出版的《國際政治的社會理論》（*Social Theory of International Politics*）一書[12]，該書將無政府狀態下的國際社會劃分出霍布斯（Hobbesian）、洛克（Lockean）、康德（Kantian）等三種類型的文化。Wendt此舉的目的是解釋無政府狀態本身並不像結構現實主義學者Waltz所預測的，會促使所有國家執行相同的功能。該書的理論建構源於Wendt在1987年與1992年發表於《國際組織》（*International Organization*）的兩篇文章；前者介紹了科學實存論（scientific realism）的概念，而後者是對Waltz理論的批評。[13]在另一篇回應現實主義者對其批評的文章中，Wendt認為「社會建構」（social structures）之概念有三個主要元素：行為者與其外在環境互為主體性（inter-subjectivity）所建構出的知識與理解；有形物質力量的影響力來自理念；行為者與環境互動過程創造並形塑社會建構。Wendt曾做出一個很傳神的比喻：英國的五百枚核子彈對美國的威脅竟然低於北韓的五枚核子彈，可見核子彈數量的多少不是決定敵對友好關係的唯一因素。[14] 我們必須知道，Wendt的理論主要是批判Waltz的結構現實主義假設，並提出一個不同於現實主義，但仍具有結構性質的分析架構；他的理論也不等於整個社會建構論。John Ruggie曾經將屬於建構主義的學者劃分為三派：新古典建構主義（neo-classical constructivism）、後現代建構主義（post-modernist constructivism）與科學實存論（scientific realism）的建構主義。Ruggie認為Wendt的理論屬於第三種。[15]

---

[12] Alexander Wendt, *Social Theory of International Politics* (Cambridge University Press,1999).

[13] Alexander Wendt, "The agent structure problem in international relations theory," *International Organization*, Vol. 41, No. 3, Summer 1987, pp. 335-370.; Alexander Wendt, "Anarchy is what states make o it; the social construction of power politics," *International Organization*, Vol. 46, No. 2, Spring 1992, pp. 391-425.

[14] Alexander Wendt, "Constructing International Politics," *International Security*, Vol. 20, No. 1 , Summer 1995, p.73.

[15] John Ruggie, *Constructing the World Polity, Essays on International Institutionalization* (New York, Routledge, 1998), pp. 35-36.

　　Ronald L. Jepperson、Alexander Wendt與Peter Katzenstein等人在1996年所提出之分析架構是建構主義學者嘗試將建構主義的研究方法納入傳統安全研究的一次重要嘗試。其主要論點可由圖3.1來表示。

　　Katzenstein等人的研究著重在「規範」（norms）與「身分」（identity）如何影響國家利益（Katzenstein在圖中是使用環境結構一詞）。其中「規範」指的是國際環境下集體認可的某些行為準則或共識，而「認同身分」則是行為者與環境及其他行為者互動過程中對自身地位的認定。此二者不僅相互影響，也進一步影響國家利益。安全政策不僅是國家利益的直接投射，更可能進而影響並修正規範（圖3.1虛線部分）。[16]

　　Katzenstein之後，以建構主義之角度來研究安全的相關主要著作有Muthiah Alaggapa所編寫的《亞洲安全實踐》（*Asian Security Practices*）[17]以及Emanuel Adler 與Michael Barnett所編的《安全共同體》（*Security*

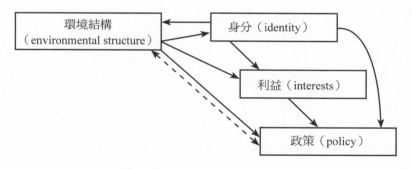

資料來源：Katzenstein, 1996: 53.

圖3.1　Katzenstein等人提出之分析架構

---

[16] Peter J. Katzenstein ed., *The Culture of National Security: Norms and Identity in World Politics*. (New York: Columbia University Press, 1996), pp. 34-75.

[17] Muthiah Alagappa ed, *Asian Security Practice: Material and Ideational Influences* (Stanford, CA: Stanford University Press, 1998).

Communities）[18]。前者以Wendt的理論為基礎，強調物質與理念因素共同影響國家安全政策的形成與發展；後者是以建構主義概念來分析主權國家之間如何構築安全共同體（security community）。作者將安全共同體的建構分為三個層次：第一個層次是國家之間的互動如何促使共同體概念出現；第二個層次是國家間互信（mutual trust）與集體認同（collective identity）的形成；第三個層次是國家間安全關係的和平演變。與Alaggpa不同的是，Adler與Barnett企圖以互信與集體認同的形成來解釋主權國家之間安全關係的變化。[19]

批判理論

批判理論學者從歷史唯物論與馬克思主義的角度出發，將資本主義在全球範圍內擴張的過程作為理解整個安全概念的基礎。批判主義理論家認為安全和其他所有人類社會存在的思想觀念一樣，象徵著主流知識體系在特定的歷史條件下對當代政治現象所發展出的特定理解。而驗證人類社會發展的過程，經濟活動的演進和不同階級之間的經濟關係扮演了絕對的主導力量。因此批判安全理論的目的並非解釋國家安全的政策或維持現有的國際秩序，而是揭發出影響安全概念背後的權力關係，進而讓人從統治階級所建構出的政治與社會秩序中解放出來，獲得真正的自由。在思想上，批判安全理論受到兩個傳統的影響。第一是法蘭克福學派（Frankfurt School）。這是德國法蘭克福大學的「社會研究中心」為中心的一群社會科學學者、哲學家、文化批評家在上世紀30年代所組成的一個學術研究社群，在思想上屬新馬克思主義學派。這些學者嘗試建立起不同於傳統社會科學強調量化與科學的研究方式，而專注於對資本主義及其文化現象作批判性的探討。特別是歷史的發展以及人的因素在其中的作用。

---

[18] Emanual Adler, and Michael Barnett, *Security Communities* (Cambridge: Cambridge University Press,1998).

[19] Emanual Adler, and Michael Barnett, *Security Communities* (1998), pp. 29-65.

　　第二個傳統是西方馬克思主義理論家Antonio Gramsci（葛蘭西）的理論。Gramsci以「霸權」（hegemony）概念來檢視資本主義體系內的統治階級如何強化現有的國際政治經濟秩序，以保障此一體系內主要國家的利益，因此霸權是發達資本主義國家內統治階級維持其統治地位的主要方法。Gramsci認為統治階級除了照顧其利益集團之外，也同時運用知識、道德、社會制度等種種力量，造就出一種整合各種社會勢力的「歷史集團」（historical bloc）。在此一歷史集團內，下層階級的要求獲得某種程度的滿足，而統治階級也得以建立一個支持其繼續統治的集體意識。

　　Robert Cox在1981年所撰寫的《社會力量、國家與世界秩序：在國際關係理論之外》（Social Forces, States, and World Orders: Beyond International Relations Theory）與1983年的《葛蘭西、霸權與國際關係：一個方法上的論述》（Gramsci, Hegemony, and International Relations: An Essay in Method）兩篇論文是國際關係學者首次以批判主義方式來分析國際政治現象的論文。Cox把Antonio Gramsci的霸權概念運用到國際體系中，主張資本主義世界經濟其實是主要生產方式（dominant modes of production）與各種次要生產方式（subordinate modes of production）產生連結，進而創造出的一種穩定秩序。在此一過程中，強權內部統治階級所創造出來的霸權逐漸擴散到社會所有階級，再擴散到其他國家。領導霸權的國家必須創造並維護這個過程中所建構出來的秩序，而其他國家統治階級對霸權的擁護也是使其獲利並繼續保持統治地位的主要方法。[20] Cox的論述架構與傳統國際關係理論之間的差異見圖3.2。

---

[20] Robert Cox以批判理論方式分析國際關係理論請見：Robert W. Cox, "Social Forces, States, and World Orders: Beyond International Relations Theory," *Millennium*, Vol. 10, No. 2, 1981, pp. 126-155；菁英如何以國家安全鞏固其統治權威的研究請見：Robert W. Cox and Timothy J. Sinclair, *Approaches to World Order* (1996), pp. 133-137&pp. 276-295; David Goldfischer, "Resurrecting E.H. Carr: A Historical Realist Approach for the Globalisation Era," *Review of International Studies*, Vol. 28, No. 4, 2002, pp. 697-717.

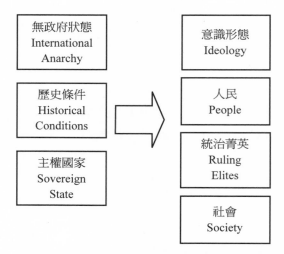

圖3.2　Robert Cox之批判理論架構

　　如果能夠理解Cox的歷史唯物觀點，就可進一步理解他對國家安全的看法。Cox在1993年的另一篇文章中以國際經濟從「福特主義」（Fordism）到「後福特主義」（post-Fordism）之間的轉折作為理解國際安全的概念。所謂福特主義，是20世紀前半期資本主義的主要生產方式：大量經過初級訓練的員工在標準化生產線上工作。由於工業化後對商品的大量需求與成本降低，使得大規模半自動化的生產線是能產生最高效率且維持最大產能的生產方式。國家為了維持在國際經濟上的競爭力，必須傾全力來維護本國產業，特別是國內勞動力的保障與市場通路。國家主義因應而生。因此經濟上的國際分工與政治上的領土原則在此獲得平衡：國家與國家之間主權與領土的互不侵犯原則是保障國家在國際經濟體系競爭力的基本原則，而「國家安全」就是在經濟發展過程中統治菁英為維護自身利益所作出的對外在環境的特定解釋。

　　Richard Wyn Jones嘗試為批判理論建立一套方法論。他主張批判主義安全理論的關鍵議題應該是理論（theory）、科技（technology）與解放（emancipation）。在這三個議題之下，批判理論對安全研究的基本立場是：

1. 反對以國家主義（statism）的安全理論；
2. 承認軍事威脅並不是對人類生存發展構成威脅的唯一來源；
3. 安全理論與實踐的最終目的是促成人類的解放。[21]

　　目前除了Richard Wyn Jones之外，其在威爾斯大學（University of Wales at Aberystwyth）的同僚Ken Booth也運用馬克思主義批判理論建立新的安全研究方法，並自稱是威爾斯學派（Welsh School），以與下文所介紹的哥本哈根學派有所區別。[22]

哥本哈根學派

　　哥本哈根學派也主張安全是一種社會建構過程，但與美國社會建構論者不同的是，他們認為安全議題之所以存在，是因為決策者將「威脅的存在」不斷提升與擴張的結果。此一過程稱之為「安全化」（securitation）。透過這一過程，國家可以將一個原本不具安全意義的事物提升為國家安全問題，並動員社會資源來保障其存在。因此哥本哈根學派的理想是反對無限制地擴展安全概念，並主張透過「非安全化」（desecuritization）的過程，將人類社會由「威脅→防衛」的循環中解放出來。

　　Buzan在其著作《人們、國家與恐懼》（*People States and Fear: An Agenda for International Security Studies in the Post-Cold War Era*, 1991）企圖為安全概念建立一個不同於傳統軍事安全理論的分析架構。這個架構可以由縱向與橫向兩方面來看。其中縱向的角度指的是將安全的概念放在國際政治的三個分析層次下觀察：個人、國家與國際體系。Buzan認為個人安全與國家安全在本質上有部分是矛盾的：國家為了追求安全狀態而限制個人的自由的作為反而使個人變得更不安全。個人追求安全（例如國內少

---

[21] Richard Wyn Jones, *Security, Strategy and Critical Theory* (Boulder, CO: Lynne Rienner, 1999) p. 5.

[22] 關於Ken Booth的主張與威爾斯學派安全理論研究，請見：Ken Booth ed., *Critical Sceurity Studies in World Politics* (Boulder CO: Lynne Rienner, 2005).

數民族爭取獨立地位）有時甚至成為本國或是他國的安全問題。[23] 在國家層次上，Buzan認為國家於三個部分組成：國家的概念（idea of the state，包括民族與組成的意識形態）；國家機構（institutions，專指政府等統治組織）與物質基礎（physical base，主要包括領土及人民）。由於不同國家在這三部分強弱各有不同，因此感受的威脅程度也不相同。Buzan進一步由國家（state）與社會（society）之間的聚合力（cohesion）大小歸納出強型國家（strong states）與弱型國家（weak states）兩種類型。[24] 由於國家與國際體系之間是相互構成的（mutually constitutive），因此國際體系必然影響國家的行為。但與新現實主義不同的是，Buzan並不認為無政府狀態（anarchy）構成國家是否安全的問題，但因為各國之間互動頻率與相互依賴增加（Buzan稱之為上昇密度，rising density）的程度不同，使得世界上某些區域，特別是強型國家之間，可能發展出「成熟的無政府狀態」（mature anarchy），即國家間相互承認主權，避免以武力解決爭端，並且發展出一定的交往規則。

　　由橫向來看，Buzan認為影響人類社群安全有五個主要領域（sectors）：軍事、政治、經濟、社會與環境。這五個領域之間相互影響滲透，構成理解當代安全觀念的基礎。Buzan認為雖然個人、國家與國際體系都可以是研究安全的起點，但並不是理解安全概念最終且唯一的指涉對象。同時軍事、政治、經濟、社會與環境等領域對安全的影響也不能分開觀察，而必須以整體的角度來看。

　　在《安全：一種新的分析架構》（*Security: A New Framework for Analysis*）（1998）一書中，Buzan、Ole Waever與Jaap De Wilde進一步表示反對傳統的以軍事和國家為中心的現實主義與經濟自由化為核心的全球化研究方法，主張以「社會」（society）作為安全的指涉對象，同時提倡「地區」（region）是最合適的研究層次。在一定範圍內一組安全關係相互依存的國家形成一個「安全複合體」（security complex）。這些國家對安

---

[23] Barry Buzan, *People, States and Fear* (1991), pp. 54-55.

[24] Barry Buzan, *People, States and Fear* (1991), pp. 97-98.

全的認知與利害關係緊密連結，構成一個特殊的系統，並透過權力分配與歷史上敵對或友好的關係來塑造其互動模式。[25] 目前哥本哈根學派的研究偏重在區域安全複合體（Regional Security Complex）理論的應用。[26]

　　Buzan等人的主張深受英國國際關係理論的影響，但卻同時包含了傳統現實主義與人類安全論的內涵：一方面承認國際政治無政府狀態與主權概念深深影響軍事與政治現象的事實；另一方面認為國與國之間互賴的上昇密度使得安全的問題的論述滲透到不同領域，使安全變成攸關人類生存基本價值的問題。與批判主義理論及社會建構論相比較，哥本哈根學派的研究對一個普遍性安全理論架構的建立與實際政治現象的關注程度都有一定程度的發展，也是批判安全理論界中試圖解決分析架構與研究範圍不明確的新嘗試。

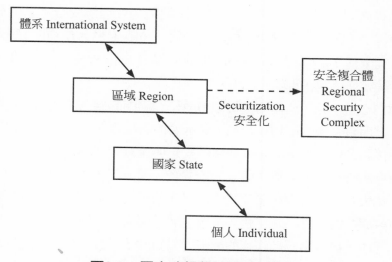

圖3.3　哥本哈根學派的分析層次

[25] Barry Buzan, Ole Waever and Jaap De Wilde, *Security: A New Framework for Analysis* (Boulder: Lynne Rienner Publishers, 1998).

[26] Barry Buzan and Ole Waever, *Regions and Powers: The Structure of International Security* (Cambridge: Cambridge University Press, 2003).

分析架構的提出

　　以上所介紹的各種理論流派，有一共同特性：都是試圖對傳統安全研究進行修正。實證主義傳統（共同安全與人類安全）與後實證主義研究（社會建構論、批判理論與哥本哈根學派）之間的最大區別在於前者只企圖改變研究的方法與對象，而後者則進一步挑戰我們對安全、甚至國際政治本質的理解方式。這些理論對我們究竟有什麼啟發？是否有其不足之處？在第一章中，我曾經將冷戰結束前後國際安全研究的一些主要學者及其立場標示在圖上（見第二章圖2.1）。該圖顯示出當代主要安全研究學者在「安全研究議題」與「安全概念理解」兩種研究方向所處的位置。其中支持研究議題擴大的學者都位於該圖的第二象限（左上方），而主張議題深化的學者幾乎都落在該圖的第四象限（右下方）。我們是否可能建構出既能以寬廣視野研究安全現象，又能以批判角度理解安全本質的研究方法？換言之，我們是否可能建構出位於第一象限（右上方）的一種理解安全的研究架構？Barry Buzan、Ole Waever與Richard Wyn Jones等學者所提出的理論如何落實在實際研究上？

　　我們必須承認，明確的分析架構與研究範圍的確有助於學者進行研究分析，進而有系統的解釋並預測人類社會的各種現象。在這方面傳統安全研究的優點是顯而易見的——非傳統安全與後實證理論學者之間對分析架構與研究範圍至今仍然無法建立一定共識，進而削弱了其理論的價值。但這並不代表我們也必須接受傳統安全研究的思維模式。我認為後實證主義最具有說服力的觀點，是主張「主權」與「國家」等概念都只是人類歷史發展過程中，擁有話語解釋權的權威力量對政治現象所產生的特殊理解與定義。因此要還原對安全的真義，就必須將研究對象從「國家」轉移到對「人」的關懷。換言之，只有當人類的自由意志從權威的主導中被解放出來，「安全」才有實現的可能。綜合以上後實證安全理論的觀點，我認為具批判性的安全研究應該符合以下四點假設：

1. 安全是一種建構的觀念（a concept by construction）。安全與威脅是相對而存在，安全的指涉對象（個人或國家）與威脅來源（其他國家、恐怖組織、大規模毀滅性武器）之間必須經過相互認知、互動的過程才能產生對威脅的理解與對安全的需求。

2. 安全概念是歷史的產物。人類社會對安全的理解與政治社會的演變有直接關係：主權國家的出現、國家角色的強化、軍事科技的發展、經濟社會的發展等因素都在不斷地塑造人類對安全的看法。

3. 安全所保障的對象並不限於純粹的「個人」或「國家」，而是任何有意義的政治社群或個體。

4. 在不同的政治與經濟條件下，人類對安全的理解將影響對政治現象的判斷，以及在政策上的決定。

以這四點假設為前提，我認為對安全現象的理解應該可以分為兩條脈絡：

第一條脈絡是以安全的指涉對象來區分，也就是說安全是「對誰的安全」（security for whom）。這個問題類似國際關係理論中所討論的「分析層次」（level of analysis），也就是研究者究竟要以國際體系、國家、個人，還是其他政治社群來做為理解安全概念的基礎。我認為所有與安全相關的論述與研究，都可以歸類在以下三個層次：

第一是國內層次（domestic level）：在國家範圍之內，掌握及政治權力與政策論述權的人（主要是政治菁英）對「安全」與「國家安全」等概念發展出一套標準的論述方式。因此「國家安全」其實是國內政治菁英在不同時期下為因應國內外政治局勢的變化所作出的基本判斷和相應對策。

第二是國家間互動的層次（inter-state level）。這是傳統國際安全理論分析的主要對象。在這個層次，「主權國家」為國際體系內最主要的行為者，主權國家之間的互動構成國際政治的基本面貌。在這個體系中，部分政治經濟影響力大的國家（也就是強權）具有改變甚至主導國際政治發展方向能力，而各主權國家之間一方面恪遵傳統國際體系既有的規範，另一方面卻因利益等因素而有衝突或合作現象。

　　第三是國際社會的層次（international-societal level）。國際社會對安全看法往往因主流的意識形態的改變而有所變化。冷戰結束以來，國際社會認同的威脅來源先是可能發展大規模毀滅性武器的惡棍國家（rouge states），九一一事件後再變成恐怖主義。近年來由於人類生存環境不斷惡化，環境問題也被視為威脅人類生存的新力量。不同的威脅在不同時期透過強權的宣傳以及媒體的渲染，逐漸成為當代人類理解安全的主流看法。

　　這三個層次的安全有別與傳統「體系vs.單元」的二元分法，而是以三個不同層次來理解安全概念滲透到人類社會的方式及過程。我們也可發現，以後實證主義為理論基礎的研究方向並不只侷限在對單一層次安全現象的分析，而是企圖對更大範圍的安全提出批判性的看法。圖3.4顯示了後冷戰時期國際安全研究的分析層次、主導安全理念者，以及影響安全概念的方式。[27]

　　第二條脈絡是建立理解安全的面向。上一章所回顧的安全研究對這個問題的理解在於安全是否限定在對傳統軍事戰略的面向，還是經濟等非傳

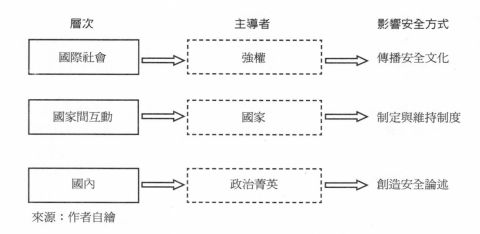

層次	主導者	影響安全方式
國際社會	強權	傳播安全文化
國家間互動	國家	制定與維持制度
國內	政治菁英	創造安全論述

來源：作者自繪

圖3.4　安全研究的分析層次

---

[27] 本部分引自陳牧民，〈當代國際安全理論中的主權意涵〉，《全球政治評論》，第22期，2008年4月，頁117-119。

統面向（狹義與廣義之爭）；上文曾經介紹Buzan主張影響人類社群安全有五個主要領域（sectors）為軍事、政治、經濟、社會與環境。五個領域相互影響，構成理解當代安全觀念的基礎。而Cox則認為當代世界秩序是象徵政治力量的領土概念（territorial concept）與象徵經濟力量的全球化概念（globalization concept）之間互動的結果。統治菁英如何利用領土原則所保障的國家力量來強化資本主義經濟秩序是理解整個國家安全概念的起點。

　　如果從批判性的角度來觀察，可發現安全的概念其實隱含著三個相互關連的面向：權力關係（power relations）、制度（institutions）與文化（culture）。這三者的關係可以描述如下：

　　「權力關係」指的是在一個政治群體中，對政治與安全事務具有影響力與決策權的國家或領袖創造出一種對這個社群安全狀態的權威性解釋，並且企圖影響一般大眾接受這樣的論述。因為任何政治群體都不可能存在真正的平等，而是存在某種形式的權力階層關係（power hierarchy）。這樣的權力階層關係可能存在於國際社會之中（如美國影響小國的政策），可能存在於國家之內（政治菁英影響一般民眾）。影響國家或領袖建構安全概念的因素有世界觀（對外在安全環境的理解）、政治上的利益（提倡安全政策的目的在強化政治菁英的統治基礎），以及政治決策體系的結構及過程。更重要的是：政治菁英所提出的安全論述必須配合這個社會在政治與經濟上所秉持的意識形態。舉例來說，2000年至2008年民進黨執政期間將大陸對台灣的經濟磁吸效應解讀為台灣生存發展的最大威脅即為權力關係的表現。台灣在過去十多年來與中國大陸之間的貿易急速成長。僅2003年的統計數字就顯示大陸市場已經占台灣全年出口總量的24.5%，大陸躍升成為台灣最大的貿易伙伴；同時台灣對大陸投資的累積金額也達343億美元，占台灣對外投資總額之47%。[28] 近年來大陸投資熱之所以成為

---

[28] 一般估計實際金額遠高於此數。依照中共官方的統計數字，台灣對大陸投資的協議金額已達614.7億美元（實際到位資金331.1億美元），佔大陸境外投資者第四位。如加上經由第三地轉投資，台資在大陸應該可名列第二位。另根據台灣「投資中國」雜誌統計，實際台商投資金額可能高達1394億美元。

台灣的國家安全問題，不僅是因為台灣的主政者認為資金大舉流向大陸的現象將加速淘空台灣經濟基礎，也是因為對大陸投資的台灣企業已從勞力密集產業轉型到技術密集產業，對台灣的經濟基礎已經造成威脅。[29]

「制度」指的是規範政治體系內成員行為的基本原則。傳統國際安全研究將制度解釋為主權國家在安全議題上互動所產生的共同遵守的行為準則；本書中所指的制度則是國際體系成員針對安全相關議題所理解的共同行為方式，以及對於與安全相關議題做出的標準反應。制度是歷史的產物，因此會因時空環境不同而有所變化，但制度所形成的規範則普遍為成員所遵守。舉例而言，防止核子武器擴散是當前國際社會在安全問題上共同遵守的規範。這個規範能夠維持是基於幾個因素：擁有核子武器的國家共同承諾不將核子武器及技術輸出到非核國家；各國之間共同簽署「核不擴散條約」（Nuclear Non-Proliferation Treaty, NPT），共同承諾防止核武器擴散；在聯合國下設立國際原子能總署（International Atomic Energy Agency, IAEA），負責監控全世界核能設施的運作。因此北韓在2003年及2003年間兩度宣布退出「核不擴散條約」，重啟核武計畫之後，立刻被周遭國家視為對區域安全的嚴重挑釁。在當今的國際社會中，最廣為遵守的制度是國家主權與領土原則，主權與領土既是穩定秩序的基礎，也是國家間衝突的根源。

「文化」意指政治菁英所創造出對安全概念的主流看法，這些看法會透過在國際政治中具有影響力的大國、具有決策權的政治菁英、國際安全學術界與智庫，甚至大眾傳播媒體來擴散其影響力。國際政治理論中的現實主義與新自由制度主義都將所有國際政治現象視為物質力量的展現，認定國家的行為皆基於理性與追求生存的本能，刻意貶低甚至忽略理念（ideas）的影響力。但在歷經冷戰結束與建構主義興起之後，國際關係學者逐漸將理念視為影響國際政治行為者利益與行為的重要因素。Alexander

---

[29] 2005年初的一期英國《經濟學人》週刊指出：2003年大陸前二百大出口企業中有28家為台資企業，全部都是高科技廠商。其中高居前三名的分別是鴻海集團投資之鴻富錦精密機械公司（年出口金額達64億美元）、廣達（53億美元）、華碩（32億美元）。見 "A Survey of Taiwan," *The Economist, January* 15-21, 2005, p. 7.

Wendt對「即使北韓與英國同時擁有核武，但美國仍只會將北韓視為威脅」的著名比喻，說明了建構主義者認為單純的物質力量並不能決定國家與國家之間的關係是敵對或友好。[30] 本研究所認定的文化，範圍較理念更廣，而是指強權及國家內部的政治菁英創造出對安全與威脅的主流看法。舉例而言，在柯林頓（Bill Clinton）擔任美國總統期間，美國曾經遭遇多次恐怖主義的攻擊，但「反恐」一直未成為其外交政策的核心議題。2001年4月美國國務院發表的「2000年全球恐怖主義形勢」報告，甚至未提及「基地」組織在阿富汗活動的情況。[31] 直到九一一事件之後，美國才認定恐怖主義是美國國家安全的威脅。因此文化在安全議題上是以威脅建構的形式表現出來。當決策者認定某一國際政治現象或行為構成安全威脅並刻意傳播，這些現象與行為才具有意義。

　　統治權力、國家主權與威脅建構三個面向相互影響，構成我們理解安全概念的方式。我們可以舉一實例說明：美國布希總統在2002年1月的國情咨文中，首次以「邪惡軸心」（Axis of Evil）一詞形容伊拉克、伊朗和北韓，正式將這三國貼上支持恐怖主義的標籤。[32] 布希的「邪惡軸心」論述，正是美國新保守主義政治菁英刻意創造出的一種對世界威脅來源的解釋。這種論述主張國際政治是善惡二元對抗，美國必將代表正義的一方戰勝邪惡力量。「邪惡軸心」的觀點讓美國與這三國之間的對立關係提升到意識形態的層次（文化面向）；美國一方面利用其權力影響其他國家接受美國的論述（權力關係面向），並促使國際社會對「支持恐怖主義之國家」建立前所未見的防範機制（制度面向）。其實除了少數對國際政治情勢瞭解的專家之外，恐怕多數人都沒有足夠的資訊與知識來判斷這三個國

---

[30] Alexander Wendt, "Constructing International Politics," *International Security*, (1995), p. 73.

[31] 可見「2000年全球恐怖主義形式報告」，美國國務院國際信息局網站：<http://usinfo.americancorner.org.tw/http%3A%2F%2Fusinfo.state.gov/regional/ea/mgck/patterns.htm>

[32] 咨文內容可見："President Delivers the State of the Union Address," White House, January 29, 2002, <http://www.whitehouse.gov/news/releases/2002/01/20020129-11.html>

家是否真的支持恐怖主義。「邪惡軸心」這個詞太容易讓人聯想到第二次
世界大戰之前德國、義大利、日本所形成的「軸心國同盟」（Axis of
Alliance），但任何並無證據證明這三個國家有能力或企圖正在進行類似
德、義、日在1930年代聯手進行的對外軍事擴張的大陰謀。

　　提出此一分析架構的目的並不是要完全顛覆或取代現有的後實證安全
研究，而是以一個較具批判性的研究方式，以協助我們更有效且更全面理
解當代與安全相關的現象。在以下三章中，我將以此架構來討論三個主
題：第一是安全與國家經濟發展之間的關係，也就是以上所說的國內層
次；這不只是經濟層面的安全，而是資本主義在全世界範圍內的擴張過程
如何改變現代社會，與掌握政治權力的菁英對安全的看法。我將以改革開
放後的中國作為案例加以說明。第二是安全與國際政治之間的關係，特別
是主權與領土等概念如何成為當代國際關係的基礎，也就是以上的國家間
層次。在主權與領土所創造出來的政治秩序下，任何企圖改變領土或侵害
主權的行為成為國際安全的威脅。區域安全必須以維持領土現狀為目的。
中國與印度之間領土爭議正說明了此一現象。第三是安全與主流意識形態
之間的關係，也就是，國際社會層次的安全。這部分將側重在霸權如何創
造出主流的安全思維，並進一步將其轉變為意識形態。我將以美國在
九一一事件後所發起的全球反恐戰爭為分析對象。本研究所使用的研究方
法偏重歷史，以大範圍歷史發展為主要的研究對象，並佐以對文件、統計
資料的分析。批評或許會認為此一方式過於鬆散，但正如Robert Cox所
言：「理論總是為某些人和某些目的服務」。[33] 從國際安全此一學門的出
現與其後發展歷程來看，理論的內涵不斷在變動，研究的方式也不應該拘
泥在傳統的範疇。邏輯性、實用性與時效性都是不可或缺的因素。

---

[33] Robert W. Cox and Timothy J. Sinclair, *Approaches to World Order* (New York: Cambridge University Press, 1996), p. 87.

第四章　統治權力與國家安全：中國改革開放後的安全論述

今日的中華人民共和國是個畏懼自己人民的脆弱威權體制。

——謝淑麗（Susan Shirk）[1]

前言

　　2008年5月初，世界銀行公布了最新的《世界發展指標》（World Development Indicators）數據。如果依照各國相對購買力標準計算，中國大陸已經躍升為僅次於美國、排名世界第二大的經濟體。[2] 如果不以購買力標準來計算，中國的經濟實力也是非常驚人：依照中國官方公布的數字，在2006年中國的經濟實力已經超越英國與法國，成為全世界第四大經濟體。[3]「中國崛起」儼然稱為近年來國際社會最熱門的話題之一。

　　西方社會對中國崛起之後的對外政策走向有兩種主要的看法。第一種看法（也就是所謂的中國威脅論）源於現實主義對國際政治本質的解釋，認為國際社會的和平與否取決於國際體系內主要強國之間的權力關係。因此中國目前的快速經濟成長正為未來躍升為世界強權奠定了堅實基礎。在經濟實力累積到一定程度之後，中國必定會採取擴張性的外交政策，進而

---

[1] Susan Shirk（謝淑麗）著，溫恰溢譯，《脆弱的強權：在中國崛起的背後》（台北：遠流出版社，2008年），頁7。

[2] 該報告指出：美國以132,000億美元的總產值排名世界第一大經濟體，中國排名世界第二，總產出達到6,1000億美元。《新浪網》，<http://financenews.sina.com/phoenixtv/000-000-107-105/402/2008-05-03/2208292897.shtml>

[3] 《BBC新聞網》，2006年1月25日，<http://news.bbc.co.uk/chinese/trad/hi/newsid_4640000/newsid_4647200/4647278.stm>

稱霸亞洲甚至企圖掌控世界。另一種比較樂觀的看法（即和平崛起論）明顯受到理想主義的影響，認為中國會延續目前擴大與世界各國交往的政策，以獲取最大的經濟利益。由於各國間經濟整合程度不斷增加，再加上中共對外開放的方向與步調不變，將使得大陸快速且全面地融入世界經濟，對其外交行為產生一定的約束作用。

這兩種看法其實牽涉到的是一個更為基本的問題，那就是：當前中國大陸快速融入世界經濟的現象，究竟讓中國人（尤其是中共領導人）覺得自己國家變得更安全還是更不安全？著名的中國事務專家謝淑麗（Susan Shirk）提供了這樣的觀察：

> 今日的中國笑臉迎人、親切友善；極權主義色彩日漸淡薄，越來越像資本主義國家；中國不再是鐵板一塊，而是多元繽紛；不再單調乏味，而是美命美奐；不再閉關自守，而是擁抱全球。中國的轉型並未脫序，雖然對國際和平主義助益良多，不過中國領導人努力想延續往昔綿密的政治控制，也讓中國更加危險。[4]

中國人對目前國家處境是否安全的看法其實非常矛盾：一方面經濟成長所帶來的國力提升讓中國的國際地位處在過去兩世紀以來最安全穩定的狀態；另一方面中國政府對於任何挑戰其國家利益的力量（台獨、藏獨、疆獨、民主化、來自美國或日本的威脅）都表現出極為強硬甚至懼怕的態度。[5] 如同謝淑麗教授所說：中國在經濟上的巨大成就不僅沒有讓領導人感到更安全，反而讓這個國家逐漸成為一個畏懼自己人民的脆弱威權體制。

在這一章中，我將以中國為例，嘗試分析一個國家在經濟上的表現是否會影響到其人民對安全的態度。以下的章節將先從檢視理論出發，分析

---

[4] Susan Shirk著，《脆弱的強權：在中國崛起的背後》（2008），頁7。

[5] 舉例而言，2008年3月拉薩等藏人居住地發生反政府暴動事件後，中國人對於西方社會支援藏人的舉動非常在意，甚至到非理性的地步。中國政府對這些非理性的排外示威的態度也很特別：通常是先放任其發展到一個程度，再以強制手段處理。

國際關係學者如何處理經濟與安全之間的關係，再進一步瞭解追求國家經濟發展如何在現代社會中成為政治菁英創造其安全論述的主要內容。而中國自改革開放以來，領導人論述中國所處的安全環境變化過程剛好符合這樣的狀況。在分析層次上本章將設定在「國內」的層次，並將政治菁英設定為具有主導安全論述能力的主要群體。

經濟與安全

　　1998年秋季號的國際關係學術期刊《國際組織》（*International Organization*）出版了一篇由美國學者Michael Mastanduono所撰寫的研究論文──Economics and Security in Statecraft and Scholarship。在這篇論文中，作者企圖以歷史回顧的方式敘述了經濟與安全這兩個概念如何在歷史上短暫交會，後來又分道揚鑣的過程。雖然安全研究（Security Studies）與國際政治經濟學（International Political Economy, IPE）在今天的國際關係研究裡被視為兩個截然不同的領域，但Manstando卻發現在20世紀的前半葉，外交決策者非常自然地運用經濟手段達到在外交與軍事上的目的。這種現象與當時國際政治的現象有關：在第二次世界大戰期間，參戰國投入戰爭的資源占其國內生產總額的一半；經濟禁運、封鎖是戰爭期間參戰國減損敵方實力的主要手段；而國家的經濟規模更是評估其軍事實力的重要指標。[6]

　　即使在冷戰初期，美國與蘇聯之間的競爭也有深刻的經濟意涵：美國的馬歇爾計劃（Marshall Plan）旨在協助第二次世界大戰後歐洲國家迅速重建，避免因戰爭帶來的貧窮成為共產黨勢力發展的溫床。因此當時兩大強權在制定安全戰略時，均強調如何善用經濟手段來達到在政治上的目

---

[6]　Michael Mastanduno, "Economics and Security in Statecraft and Scholarship," *International Organization*, Vol. 52, No. 4, (Fall 1998), p. 830.

的。[7] 一直到1950年代中期，當美蘇之間的競爭逐漸集中在對優勢核子武力的追求時，安全的概念才完全被軍事領域所掌握。國際安全變成研究軍事戰略、特別是如何利用核武來達到嚇阻目的的專門領域。Mastanduno進一步指出，國際政治學者在1970年代開始對經濟議題感到興趣，但是這樣的興趣卻使得研究經濟與安全之間的關係走向不同於傳統國際安全研究的另一條路。自此以後，國際政治經濟學和國際安全成為國際政治下兩個截然不同的領域。研究國際經濟如何影響國際政治的學者很少會把分析結果延伸到安全議題上，而專注在國際安全領域的學者也很少會引用國際政治經濟學的理論來分析其研究對象。這樣的分野不僅在冷戰結束之後繼續存在，而且深深地妨礙了經濟因素與傳統國際安全研究的進一步整合。James Caporaso甚至宣稱：將國際政治經濟學與國際安全劃為兩個單獨的研究領域是當今國際政治學裡一個重大的錯誤。[8]

當然並非所有學者都忽略經濟因素對安全的影響，至少在研究亞太區域安全的學者眼中，此一地區在過去數十年來能維持經濟快速成長的關鍵因素之一正是各國政治領袖普遍體認到唯有靠經濟的穩定發展與對外貿易，才能維持本地區的長期和平與穩定。許多探討亞洲地區安全環境的研究著作都十分強調經濟和安全之間的關係，也都認為各國間經濟與貿易相互依賴局面的形成已經深深的影響到整體區域安全環境的建構。[9] 進一步觀察，會發現傳統國際關係理論其實包含著許多經濟因素如何影響國際安全的討論，而這些討論也成為現實主義和自由主義兩大傳統在理論上的主要分歧點。

---

[7]　Michael Mastanduno, "Economics and Security in Statecraft and Scholarship," *International Organization* (1998), pp. 833-834.

[8]　James A. Caporaso, "False Divisions: Security Studies and Global Political Economy," *Mershon International Studies Review*, No.39, 1995, p. 117.

[9]　Desmond Ball, ed, *The Transformation of Security in Asia-Pacific Region* (Portland, OR: Frank Cass,1996); Stuart Harris and Andrew Mack eds., *Asian Pacific Security: The Economic Politics Nexus* (Allen &Unwin, 2000); James Sperling, et al., *Zones of Amity, Zones of Enmity: The Prospects for Economic and Military Security in Asia* (Leiden, the Netherlands: Brill, 1998)

現實主義學者對於經濟問題的基本態度可以歸納為以下三點：

1. 經濟實力是一個國家發展軍事和政治力量的主要基礎；
2. 經濟政策有時是國家為達成軍事或政治目標所使用的一種工具；
3. 國際間的經濟關係並不能解釋國與國之間為何會發生衝突或能保持和平，而必須從強權之間的實力是否保持平衡這個更大的角度來看。[10]

這種觀點過去常被冠以重商主義（Mercantilism），也就是將國家做為提供基本安全條件的主體。經濟上的利益是政治實力的產物，市場與企業的運作完全臣服於政治權威之下。因此經濟安全是國家安全範圍的一部分，而且在經濟領域的競爭往往是零和遊戲。[11] 另一方面，自由主義者將經濟的重要性置於政治之上。主張市場機制應該在不被政治干擾的情況下自行運作，國家的目的僅是提供一個利於市場運作的環境。自由主義者眼中的經濟安全其實是由國家創造一個開放的經濟環境，各國透過自由貿易追求經濟利益，因此經濟不再只是零和遊戲。[12] 自由主義對經濟安全的主張也可歸納為以下三點：

1. 一個國家的經濟利益不一定會與他國的經濟利益產生衝突；
2. 在共同利益存在的前提下，國家之間可以透過經濟上的來往，發展出某些交往的規則，使雙方獲利，進而對國家的行為產生約束作用；
3. 國家之間經濟上的合作可以有效地減少國際衝突的爆發。

---

[10] 陳牧民，〈經濟與安全：全球化時代的新安全理論〉，《全球政治評論》，第12期，2005年12月，頁19-46。

[11] Barry Buzan, Ole Waever and Jaap De Wilde, *Security: A New Framework for Analysis* (1998), p. 95.

[12] Barry Buzan, Ole Waever and Jaap De Wilde, *Security: A New Framework for Analysis* (1998), p. 96.

　　雖然現實主義和自由主義對經濟因素如何影響國際政治提出了截然不同的解釋，但也因為雙方學者都容易從歷史上找出正反兩方實例來支持自己的觀點，因而大大降低了理論的適用性。以日本來說，這個國家在明治維新後推行的快速工業化與經濟發展助長了其對外擴張的野心，但是第二次世界大戰後日本的策略卻轉為只專注發展經濟，不再追求軍事霸權。同樣的國家在戰前戰後對外政策卻有極大差異。此外Stuart Harris與Andrew Mack所共同編寫的《亞太安全：經濟與政治的結合》（*Asian Pacific Security: The Economic Politics Nexus*, 1997）一書中，作者採用現實主義和理想主義中經濟相互依存如何影響國家安全政策的假設來分析。結果發現許多國家中的安全政策都同時符合現實主義與理想主義的假設：在對外安全戰略上，國家強調經濟安全的做法符合現實主義對國家在國際體系無政府狀態下尋求自保的解釋；但由於各國之間經濟相互依存程度加深，也使得個別國家更不容易在國際事務上採取挑戰者的角色，因為現存的國際秩序對其自身的發展仍然是利大於弊。這樣的現象又比較接近自由主義的觀點。[13] Barry Buzan等人則認為自冷戰結束以來，關於經濟安全的論述與議程主要是由自由主義所掌握，特別是如何處理自由市場制度之下不穩定（instability）與不平均（inequality）的問題。前者指的是美國霸權衰落之後國際經濟體系的整合與自由化問題；而後者是指（國內層次）國家的角色與（國際層次）第三世界國家在經濟上處於弱勢的問題。[14]

　　Buzan預測在自由主義的經濟體系下，經濟安全的相關討論最後將會集中在如何創造出一種讓成員彼此無情競爭的穩定條件。這類似19世紀的歐洲國家在維也納會議後，發展出一種制止大規模戰爭發生，卻在某種程度上承認戰爭的合法性的機制。目前國際社會對經濟安全的主流看法是讓追求效率的自由市場經濟思想主導一切──只要國家或個人有能力從中獲利就好。Buzan認為這可以解釋何以在歷史上霸權國家總會傾向接受自由

[13] Stuart Harris and Andrew Mack eds., *Asian Pacific Security: The Economic Politics Nexus* (Allen &Unwin, 2000), p. 27.

[14] Barry Buzan, Ole Waever and Jaap De Wilde, *Security: A New Framework for Analysis* (1998), p. 97.

貿易。[15]

　　Buzan對經濟安全的解釋巧妙地結合了傳統現實主義（無政府狀態下國家之間的自由競爭）與自由主義的觀點（自由主義的市場經濟假設與市場經濟主導冷戰後國際政治經濟秩序的事實），因此顯得極具說服力。但是Buzan的理論無法解釋的是，為何一個原本被排除在資本主義市場經濟體系以外的國家會選擇進入這個體系之內。換言之，為何一個國家的統治者在尋求絕對安全與對外開放的矛盾目標下，多數人會選擇後者而非前者？從實際的例子來看，為何只有北韓、緬甸等極少數國家會選擇拒絕加入資本主義的世界經濟體系？而中國、越南等社會主義政權在堅持獨立自主一段時間之後，最後會選擇對外開放？這個問題正是理解為何中國、越南、印度這些原本採行計畫經濟體制的國家會選擇接受市場經濟，而緬甸、北韓卻選擇繼續孤立的關鍵。

　　Robert Cox對於在資本主義體系下，國家內統治階級如何創造出支持其繼續統治的集體意識的解釋其實更有說服力。第二章曾談到：Cox認為在現代社會之中，統治階級的統治方式是運用知識、道德規範、社會制度等力量，造就出一種整合各種社會勢力的「歷史集團」。在此一歷史集團內，社會其他階級的要求獲得某種程度的滿足，而統治階級也得以建立一個支持其繼續統治的集體意識。在此一過程中，國家內部統治階級所創造出來的霸權逐漸擴散到社會所有階級。因此當統治者認定國家安全的威脅來自外部環境時，這個國家的安全政策變會傾向以如何防範外患來強化國家安全的狀態；當統治者講國家安全的狀態解釋為有效應付來自國際環境的挑戰，則安全戰略就成了「國家經濟戰略」（economic statecraft）。北韓領導人明顯採取第一種方式，而改革開放後的中國領導人則是採取第二種：將競爭的國際環境解釋為中國面臨的巨大挑戰，因此必須改革開放以求生存。領導階層最終的目的是如何將改革開放的動能轉化為人民對政權的支持。

---

[15] Barry Buzan, Ole Waever, and Jaap De Wilde, *Security: A New Framework for Analysis* (1998), pp. 98-99.

　　Cox理論的核心，是解釋政治菁英如何將外部經濟的衝擊轉化為人民對政權的支持。我認為這種研究取向特別適合分析像中國大陸這樣非民主但可以採取市場經濟的國家。由於中國在過去近三十年來，逐漸發展出透過與世界經濟接軌以促進國內經濟成長的發展策略，因此在全球化的影響下，唯有持續利用其豐沛的勞動力與廣大市場來吸引外資，才能繼續在未來的國際競爭中取得有利的地位。同時中共領導人對開放政策所帶來的負面影響也展現出極大的憂慮。首先，由於國家與國家之間經濟相互依存度增加，使得國內經濟的穩定比以往更容易受到國際環境的影響。1997年的亞洲金融危機更增加了中共領導人的戒心，深怕全面開放外資進入會增加國際投機客掏空國內經濟資本的風險。此外，隨著資訊的快速傳播，中共控制社會的能力也將大幅度降低，使得各種外來思潮的思想更容易滲透，進而動搖中共政權的統治基礎。在下一節中，將詳細敘述中國政府改革開放的過程，以及此一過程中政治菁英如何改變社會對國家安全的看法。

世界格局與時代主題的改變

　　中國大陸在1949年之後的政治與經濟發展可以簡單化約為兩個階段：其中第一個階段是從1949年到1978年。在這一時期裡，中國在經濟上採取的是由中央政府主導的計畫經濟體制；在政治上，意識形態與階級鬥爭主導著此一時期的政治發展；在對外關係上，中國自詡為第三世界國家與社會主義陣營的領導者，先後將美國與蘇聯視為走向共產革命道路上的主要敵人。第二個階段從1978年開始，中國開始對外面世界開放，其具體作為是在經濟上推行以改革開放為口號的市場經濟制度，在政治上揚棄階級鬥爭綱領；在對外關係上，則努力創造一個有利於發展經濟的和平外在環境。如果我們比較這兩個時期中國領導人對國家安全的看法，不難發現在第一階段，他們普遍認為美國與蘇聯兩個超級大國對中國構成現實的威脅，中國生存與發展的環境非常嚴峻，隨時有可能爆發戰爭。在第二個階段，中國領導人認為中國最大的挑戰是如何在競爭的國際環境中找到自己

的定位，而決定中國地位安不安全的關鍵因素是經濟發展的程度。中國是如何從第一個時期跨越到第二個時期，我認為這與中國的政治菁英成功創造出一種新的國家安全論述有很大的關係。

　　在進一步論述中國國家安全概念變化之前，有兩個前提必須加以說明：

第一，在任何社會裡，與外交、安全相關的政策都是被一小部分有能力接觸相關資訊，並且能實際影響決策的少數菁英所決定。這些人是具有安全論述權的政治菁英。[16] 這個趨勢在像中國大陸這樣的威權體制國家中更為明顯：中共領導人向來有以掌控意識形態與政策路線解釋權的方式來鞏固權力的傳統。在改革開放的過程中，政治菁英更往往為了國內政治目的，以因應國際環境變化為名，對國家發展方向做出重要的解釋或定位。

第二，中國政治菁英在處理國家安全問題時，深受兩個概念的影響：世界格局與時代主題。所謂世界格局，是大陸領導人認定在某一時期國際社會中主要強權之間的力量對比所形成的結構與互動過程。與西方國際關係理論所使用的國際結構（international structure）不同的是，格局不僅僅指的是在國際體系內強權的數量（單極、兩極、多極），還包括這些強權之間互動的過程。大陸國際關係學者認為格局不是自然存在，而是大國刻意塑造所達到的一種穩定狀態。[17] 這個觀點與西方現實主義學者認為國際政治結構是客觀存在的判斷不同。時代主題又稱時代特徵，這個概念是根據列寧（Vladimir Lenin）的理論而來。列寧的理論最著名的觀點是將帝國主義定位為資本主義發展的最高階段，第一次世界大戰的爆發正是帝國主義利益衝突的結果。他認為人類社會在第一次世界大戰後，正式由帝

[16] Yale Ferguson and Richard Mansbach, *The Elusive Quest: Theory and International Relations* (Columbia, South Carolina: University of South Carolina Press, 1993), p. 167.

[17] 楊潔勉，《後冷戰時期的外交關係：外交比較政策研究》（上海：上海人民出版社，2000年），頁36-37。

國主義時代進入無產階級革命時代。因此20世紀是「革命與戰爭的時代」。「充滿革命與戰爭的世界」也成為1949年後中國領導人對外在環境判斷的主要依據。[18]

　　時代主題與世界格局的概念讓我們能夠理解當代中國政治菁英在統治過程中建構安全論述的方式，也能讓我們理解整個改革開放政策背後的邏輯。由今天角度來看，鄧小平在重新復出後，為了矯正過去文革與四人幫造成的混亂而採取改革開放政策看似十分理性。也有人認為鄧採取開放政策的目的是要與之前華國鋒堅持的重工業化政策產生區隔，但是這些解釋都不能精準地描述中國統治者的所面臨的狀況。要知道1949年之後的中國政治深受政治意識形態影響，任何政策的醞釀與出台，都必須考慮到是否符合政治上的基本原則。改革開放也是如此，在位者如果不能創造出一套符合共產黨政治思維的論述，就不可能進行改革開放。

　　因此在1978年12月所召開的中共第十一屆三中全會中，改革派首先發難，將國家發展的目標從原來的階級鬥爭轉變為社會主義現代化建設上。[19] 在經濟政策上，改革派所採取的策略是如何吸引外資與技術以搞活國內經濟。「對外開放，對內搞活」成了當時主要的政策口號。在對外開放上，重點放在吸引外資、加強出口，並放鬆對進出口貿易的管制等。沿海城市的開放與經濟特區的成立可說是在此一思路下最為大膽的嘗試。

　　除了試行經濟特區等開放策略之外，更關鍵的問題仍是如何說服人民改革開放的必要性，而國際環境提供了哪些條件得以讓改革派建構這樣的新論述。我認為鄧小平（也包括其他的改革派領導人）對國家安全概念的理解與前一個世代有很大差別：過去很長的一段時間裡，中共領導階層對外在環境的理解是美蘇之間的矛盾最終會導致第三次世界大戰的爆發。但鄧的基本思維是美國與蘇聯的存在對中國而言不再是現實的威脅。他也不認為美國與蘇聯之間的關係是決定中國未來走向的唯一因素——日本、西

---

[18] 何方，《論和平與發展時代》（北京：世界知識出版社，2000年），頁61-105。

[19] 馬立誠、凌志軍，《交鋒-當代中國三次思想解放實錄》（台北：天下遠見出版股份有限公司，1998年），頁84-85。

歐的經濟復興與相互依存的世界經濟都是影響世界未來發展趨勢的關鍵。中國生存最大的威脅其實是「落後」。因此中國如果不能利用此一大好時機發展國內經濟，未來可能被開除地球的「球籍」。在世界格局這個概念上，鄧小平的判斷是世界上仍然是美蘇兩大超強競爭、對立的局面，但是會因此爆發第三次世界大戰的機會已經很低。也因為中國所處的外在環境相對穩定，因此「和平與發展」已經取代「革命與戰爭」成為當前的時代主題。

　　其實和平與發展作為時代主題的形成過程並不如一般人想像中順利。原因大概有三：一、蘇聯在1979年揮軍進入阿富汗。此一軍事行動對中國的領土安全造成非常大的威脅；二、當時美蘇兩大陣營對立的情勢仍然非常嚴重，美蘇之間的核武軍備競賽似乎永無停止之日，也看不出緩和的可能；三、1981年上台的美國總統雷根（Ronald Reagan）為堅決的反共主義者，對中國態度不若其前任友善。許多中國高層領導人認為中美兩國在意識形態上南轅北轍，即使不把對方當作敵人，但也不可能真的成為盟友。[20]

　　因此中共領導人的做法是逐漸利用外在環境的變化對國際局勢的判斷做出修正，最後達到建構新安全論述的目的。我們可以從當時領導人的談話看到這個過程。舉例來說，1980年9月，當中共外長黃華出席聯合國大會時，他毫不避諱的指責蘇聯是世界和平的破壞者，世界爆發戰爭的危險正逐漸增加。[21] 1982年初，大陸國際關係學者也還認定國際反霸鬥爭的重點仍然是反對「蘇霸」。[22] 但到了年底，鄧小平的副手胡耀邦卻在中共十二大中時首次提出「不結盟」的概念，也就是繼續批判美蘇的霸權行為，但已不再像過去一樣直接點名誰是霸權，而是一種「逢霸則反」的模糊策略，明顯與過去強調反蘇霸的態度不同。[23] 在胡耀邦發言後不久，當

---

[20] 曲星，《中國外交五十年》（江蘇：江蘇人民出版社，2000年），頁453-458。

[21] 《人民日報》，1980年9月25日，版6。

[22] 〈回顧與展望－國際形勢座談會紀要（上）〉，《世界知識》，第1期，1982年，頁2-6。

[23] 胡耀邦，〈中共十二大工作報告〉，《十一屆三中全會以來黨的歷次全國代表大會重要文件選編》（北京：中央文獻出版社，1997年），頁264。

時著名的國際關係學者宦鄉便開始主張美蘇之間不太可能真的打仗，因此世界格局不太可能出現太大變化。[24]

　　此時鄧小平的發言內容也逐漸轉變。1985年3月，當他接見日本代表團的時候，表示「戰爭的危險還是存在，但是制約戰爭的力量有了可喜的發展」。[25] 幾個月後，鄧在軍委擴大會議上講話，進一步表示「世界戰爭的危險還是存在，但是世界和平力量的增長超過戰爭力量的增長」。[26] 到了1980年代後期，中共領導人多已注意到美蘇兩大超強之間的對立正在慢慢鬆動。1988年上任的新外交部長錢其琛更公開表示世界趨向多極化「是積極的發展」。[27] 此後戰略學者的發言也順勢轉為未來世界將是多極並立的局面。在1980年代末期，中共領導人與戰略學界已經正式將多極化視為未來世界格局的發展方向。[28]

　　這些對外在環境變化的論述對中國的國家安全論述究竟有何影響？簡單來說，改革開放初期的領導者所必須解決的是如何說服人民改革開放的政策是源於外在環境的轉變，而國際環境的變化增強了改革開放的必要性。因此在整個1980年代，中國領導人對安全概念理解的重點是時代主題如何由過去防範戰爭所帶來的威脅轉變到如何讓中國人民不要將外部環境做為阻礙開放的藉口。到了1980年代後半期，我們看到中國的學者開始把經濟視為外交或安全領域的內涵。1986年之後，國內已開始有人提出經濟外交的概念，認為外交的重點轉向經濟是世界普遍的趨勢[29]，到了六四事件發生之前，中國的政治菁英已經把是否能提升綜合國力當作一個國家在

---

[24] 〈宦鄉論國際外交格局與戰略格局〉，《世界經濟導報》，1984年7月9日，版6。

[25] 鄧小平，《鄧小平文選》（北京：北京新華出版社，1993年），頁105。

[26] 鄧小平，《鄧小平文選》（北京：北京新華出版社，1993年），頁127。

[27] 《人民日報》，1988年6月2日，版6。

[28] 李岱、周陽，〈略論當代的戰爭與和平問題〉，《國際問題研究》，第3期，1986年，頁1-5。

[29] 靳文，〈廣開新的絲綢之路─漫談經濟外交〉，《世界知識》，第22期，1986年，頁22-23。；王殊，〈辦經濟外交要研究國內的需要和國外的可能〉，《世界知識》，第3期，1987年，頁18-19。

國際社會上地位是否安全的指標。1989年1月所出版的一篇國際關係論文如此評估當時的世界局勢：

> 戰後持續四十餘年以軍事對抗為主的冷戰時期正走向結束，逐漸進入一個以綜合國力競爭為主要內容，一和平發展為基本標誌的新時期。……今後一、二十年世界將有兩極結構，逐步轉向多層次、泛中心的新型國際政治格局。[30]

　　在改革開放十年之後，中國政治菁英成功地改變過去幾十年來中國社會對國家安全的基本看法，確立「和平與發展的時代主題」是中國進行改革開放的動力。純粹軍事意義的國家安全概念被轉化為經濟意義的國家安全。和平與發展的概念，讓鄧小平等改革派能夠與1978年之前的政治主張做出切割，大膽放手推行改革開放政策。而和平與發展的概念也深深影響了往後二十餘年中共領導人思維。

韜光養晦的出台

　　1989年6月4日發生的天安門事件是中國改革開放以來最重要的政治分水嶺。關於六四事件的起因、過程與其對往後中國政治的影響已經有許多討論，並不是本節的討論重點。我感到興趣的問題是：原本自詡為改革派的中共領導階層，在六四事件之後，是如何創造出一個既不違背改革開放的基本方向，又能讓共產黨繼續維持統治合法性的新政治論述。

　　在外界的理解裡，六四事件後是中國改革開放全面倒退的階段。因為天安門民主示威最後以軍事鎮壓的方式收場，保守勢力重新掌權，取消原本推出的各項改革政策，使得持續十年的開放進程受到阻礙。而當時的國

---

[30] 黃廷煒、郭傳玲，〈世界形勢發生轉折性變化〉，《現代國際關係》，第1期，1989年，頁30-31。

際環境也對中國十分不利，因為東歐各國的共黨政權在1989年的最後幾個月相繼垮台，蘇聯也在1991年正式結束，這些發展都象徵著共產主義意識形態在全世界的全面潰敗。此時西方國家因六四事件對中國進行的經濟制裁更使得進出口和吸引外資上受到了相當程度的限制，改革開放確實受到很大的阻礙。但在實際上，政治上向左傾斜並不表示經濟上的開放完全中止。由於過去十年來開放過快所帶來的種種問題，使得領導人開始思考如何在經濟成長與維持政權穩定等兩大目標中維持平衡，整個對外政策反而獲得重新調整的機會。因此在這個時期裡，國家安全的論述逐漸被調整為「開放與穩定並重」。

對中國領導人而言，這一時期的外在環境變化對中國國家安全所構成的挑戰主要來自三個方向：

一、如何防止西方國家對中國進行「和平演變」：1989年到1991年之間，蘇聯與東歐等共產主義國家相繼解體，走向民主化。這件事讓中共統治階層感受到極大的震撼，其影響甚至大於六四事件。在1989年到1992年之間大陸所出版的外交與國際關係論文中，有許多對西方國家的負面描述，認為這些西方敵對勢力正「企圖在意識形態領域打開一個缺口，對社會主義進行滲透、顛覆」。[31] 對於在六四事件之後掌權的領導人而言，西方國家對中國的態度已經上升為現實的威脅。

二、如何調整改革開放的策略，使中共政權能夠維持執政地位：中國領導人非常清楚蘇聯與東歐共產政權解體有很大的原因是國內經濟破產，因此在他們認定將開放的大門完全關閉，走回過去左傾路線的做法並不切實際。持續經濟改革應該是維持中共政權穩定的必要策略，但是他們也看到了過去十年無限制開放所帶來的弊端，特別是通貨膨脹、產業之間發展比例失調、國民收入分配不均等問題。這些現象所引發的民怨都是導致六四事件的直接原因。因此如何設計一個比較穩定的經濟成長策略是領導人最大的挑戰。[32]

---

[31] 邢賁思，〈風雲驟變後的思索〉，《科學社會主義》，第2期，1992年，頁11。

[32] 季崇威，〈中國當前的經濟形勢和政策〉，《國際貿易》，第1期，1990年，頁13-15。

三、如何判斷世界格局的走向，使中國在變化的國際環境中找尋自身的定位。中共領導人發現：美蘇兩極解體之後的國際格局並沒有完全朝中國所預料的多極化趨勢發展。1990年伊拉克出兵占領科威特，導致美國在1991年初聯合多國軍隊發動對伊拉克的戰爭，並成功收復科威特（稱之為第一次波斯灣戰爭），此舉確立冷戰後美國的國際霸主地位。國際格局似乎反而朝向單極的趨勢發展；再加上美國在意識形態上視中國為敵人，中國必須盡快創造出一個不致挑戰美國的外交策略。

這些考慮，讓中國領導人在六四鎮壓事件發生之後初期，發展出一些看來與過去頗為不同的安全論述。首先，在當時的時空背景下，政治菁英必須要說明為何中國的威權政治體制是國家主權的一部分，中國的統治者採取何種方式對付自己人民不容外國干涉，如果他國嘗試干涉，就是對中國國家安全的威脅。舉例來說，1989年12月，鄧小平在接見一個日本代表團時，說出這麼一段話：

這次動亂從反面教訓了我們。國家的主權、國家的安全要始終放在第一位，對這一點我們比過去更清楚了。西方的一些國家拿什麼人權、什麼社會主義制度不合理不合法做幌子，實際上就是要損害我們的國權。[33]

我們可以將其與當年10月鄧小平接見美國前總統尼克森時所說的另一段話加以對照：

國家關係應該遵守一個基本原則，就是不要干涉別國的內政。中華人民共和國決不會容許任何國家來干涉自己的內政。外國的干涉在某個時候可以給我們造成動亂，但動搖不了中華人民共和國。[34]

---

[33] 鄧小平，《鄧小平文選》（北京：北京新華出版社，1993年），頁348。

[34] 鄧小平，《鄧小平文選》（1993年），頁332。

　　我認為鄧小平說這些話的目的，是警告西方國家不要嘗試用外力改變中國的政治體制，因為中國人決定採納何種政治體制是主權的一部分，而國家主權地位是不容他國侵犯的。在此之前，中國政治菁英在與其他國家交手時很少談及自身的政治體制是國家主權的一部分，也很少使用「國家利益」的字眼。但在1989年之後這些論調開始出現在領導人的談話之中。鄧小平本人也是在接見尼克森時，用國家利益一詞來告訴美國人外交必須考慮現實狀況，應該超越意識形態的差距。

　　在外交上，中國領導人開始在公開場合重新抬出1950年代所曾提倡的「和平共存五原則」，也就是互相尊重主權與領土完整，互不侵犯，互不干涉內政，平等互利，和平共處。中國社會科學院院長胡繩在1990年8月的一場談話中，表示中國應該以和平共存五原則為基礎建立新的國際秩序。[35] 在六四事件之後上台的中共總書記江澤民也正式在1991年5月訪問蘇聯時宣示中國將以和平共存五原則作為建立未來國際政治新秩序的基礎。[36]

　　另一方面，中國政治菁英必須要解釋為何實行資本主義的美國及西方社會能「戰勝」實行社會主義的蘇聯與東歐各國，贏得冷戰，而這個趨勢對中國將會產生哪些影響？中國學者對這個問題的的看法是：至少在經濟領域，資本主義的確占有比較大的優勢。以美國為首的資本主義勢力正試圖透過經濟力量來建立新的國際秩序：「在經濟領域則是以美國為首的帝國主義一方占據著較大的優勢。在國際經濟交往中通行的還是資本主義原則，並在美國美國霸權的基礎上建立了世界經濟體系和秩序」。[37] 因此在後冷戰階段，一個國家的經濟力量才是決定其安全與否的關鍵因素，未來決定世界發展趨勢的將是經濟而非軍事力量。這種經濟至上的論調大量出現在對1990年代世界格局發展趨勢的討論之中。有的學者認為國家經濟發

---

[35] 胡繩，〈為了世界的和平和發展〉，《世界經濟與政治》，1991年10月，頁1-5。

[36] 《人民日報》，1991年5月18日。

[37] 王懷寧，〈關於建立國際新秩序的若干問題〉，《世界經濟與政治》，第7期，1991年，頁1。

展的目的已經不只是為了維持基本生存，而是要在日趨競爭的環境中找到最為有利的位置。各國之間綜合國力的競賽將取代傳統的軍事戰爭，成為未來世界權力重新分配的主要形態。[38]

在外交上中國領導階層最後所採取的方式是創造出「韜光養晦」的概念，這四個字也成為整個1990年代中國領導階層闡述對外政策時的所秉持的基調。關於鄧小平在哪個場合最先提出「韜光養晦」這四個字已不可考。一般認為，鄧於1989年9月4日對黨內部分領導所做的一段講話，是最早提到這個概念的發言。當時他以三句話闡明中國面對天安門事件後國際壓力所應有的作為：冷靜觀察、穩住陣腳、沈著應付。[39] 往後大陸媒體再加上「韜光養晦，有所作為、擅於守拙」十二個字，使這六句話成為1990年代初期中國外交的「二十四字箴言」。

「韜光養晦」意為「不當頭」，也就是中國應避免在外交上與美國等西方強國發生衝突。用大陸的政治術語來說，就是在外交上做到「一收、一守，一抓緊、兩追求」。所謂一收，就是收起對抗（避免與西方國家對抗）；一守就是守住國家主權、絕不放棄國家基本利益；一抓緊意謂緊抓自身發展，爭取在綜合國力競爭中求勝；兩追求一是追求睦鄰友好的周邊環境，一是追求國際政治新秩序。[40] 在鄧小平訂出韜光養晦的基本原則，等於宣布中國在冷戰結束後的國際格局重組階段將會採取一種盡量與其他大國和平共存，但將政權的穩定定位為國家安全內涵的新戰略。

中國崛起論的出現

1992年的農曆春節期間，年齡已高達88歲，呈退休狀態的鄧小平到了

---

[38] 衛林，〈當代國際體系特徵與90年代世界格局〉，《世界經濟與政治》，第8期，1990年，頁32。

[39] 鄧小平，《鄧小平文選》（1993年），頁321。

[40] 王昶，《中國高層謀略：外交卷》（陝西：陝西師範大學出版社，2001年），頁174。

上海、深圳、珠海等地巡視,並在途中發表了幾次公開談話。這些談話在
幾個月後被官方媒體大幅報導、轉載,外界稱之為鄧小平南巡講話。在這
些談話中最值得注意的是鄧刻意批評了黨內的左傾思想:

> 現在有右的東西影響我們,也有左的東西影響我們。根深蒂固的
> 還是左的東西。……中國要警惕右,但主要是防止左。……把改
> 革開放說成是引進和發展資本主義,認爲和平演變的主要危險來
> 自經濟領域,這就是左。[41]

這段話對往後的中國政治發展造成相當深遠的影響。原本在六四事件
之後,中國政治呈現出濃厚的保守與左傾氣氛。1991年中,北京報紙甚至
出現了「中國現階段任務是階級鬥爭」的論調。鄧的南巡談話,明顯是把
當時黨內的政治路線重新導引回到務實開放的路上。也因為鄧小平的策略
奏效,1992年中共召開黨十四大,由江澤民確立中國經濟體制的改革目標
是「建設社會主義市場經濟」的基調,確立了對外改革開放的合法性,從
此政治上的左派勢力再也無法在黨內取得主導權。另一方面,在改革開放
的旗幟下,中國的政治菁英卻也面臨了來自兩方面的新挑戰。

第一層挑戰是經濟面:1997年亞洲地區爆發嚴重的金融危機。此一危
機始於泰國,並在短短幾個月內延燒到東亞其他國家,造成各國貨幣大幅
貶值,股市大跌,成為前所未有的區域性經濟危機。至1997年底,菲律賓
貨幣披索已經遽貶41%,馬來西亞幣貶值41%,印尼盾更貶值了61%。就
連經濟狀況較好的台灣與新加坡貨幣也貶值了16%。誠如大陸著名國際關
係學者閻學通所言:金融風暴在某些地區所引發的國家分裂、種族衝突、
經濟力大幅萎縮,其嚴重性不亞於經歷一場局部戰爭。[42] 1997年的亞洲金
融危機更增加了中共領導人的戒心,深怕全面開放外資進入會增加國際投

---

[41] 馬立誠、凌志軍,《交鋒-當代中國三次思想解放實錄》(台北:天下遠見出版股份
有限公司,1998年),頁194-195。

[42] 閻學通,〈對中國安全環境的分析與思考〉,《世界經濟與政治》,第2期,2000
年,頁5-10。

機客掏空國內經濟資本的風險。此外，隨著資訊的快速傳播，中共控制社會的能力也將大幅度降低，使得各種外來思潮的思想更容易滲透，進而動搖中共政權的統治基礎。

　　大陸的政治菁英在探討這一問題時，採取的回應是把國家應付全球化挑戰的能力納入國家安全戰略之內。這種觀點是認為國家安全的目的不應只是保障國家的基本生存，還必須保證國家在發展過程中不受任何形式的威脅。因此舉凡生存環境惡化、經濟秩序崩潰，甚至族群衝突所導致的政治動盪等可能對一個社會的正常發展構成威脅的議題都可以是國家安全的研究範圍。因此，我們可以明顯的發現：大陸學者所認定的國家安全已經由過去強調軍事層面的傳統安全觀逐漸演變成注重經濟、社會能正常發展的全面性國家安全。[43] 張文木認為中國進入21世紀的國家安全「應當主要是一個以維護中國發展權為核心的世界性概念；對中國國家安全的關注，應當從傳統維護本土安全，轉變為維護已走向世界的中國政治和經濟利益安全」。[44] 這種「新安全觀」在1990年代後期逐漸成為中國官方解釋對外安全戰略的標準論述。

　　第二層挑戰是心理面。中國政治菁英面對國際上共產主義政權的全面崩潰，以及中國在國際政治上受制於其他大國態度的現實，逐漸發展出一種仇外民族主義的新論調。這個發展最早可以追溯到1996年所出版的《中國可以說不——冷戰後時代的政治與情感抉擇》一書。[45] 該書在1996年間以極短的時間完稿問世，並迅速登上暢銷書排行榜。這個現象立刻吸引中國與西方媒體的重視，許多人都認為這本書的內容助長了一種新的排外民族主義情緒。這點或許過於誇張，因為這本書暢銷後不久即遭到大陸官方的查禁。我認為這本書最大的影響，是引出往後一連串類似民族主義主題的政論性著作，如中國為什麼說不、全球化陰影下的中國之路、大國的尊

---

[43] 王逸舟，《全球化時代的國際安全》（上海：上海人民出版社，1999年），頁25-28。

[44] 張文木，〈中國國家安全哲學〉，《戰略與管理》，第1期，2001年，頁31。

[45] 宋強等，《中國可以說不》（中華工商聯合出版社，1996年）

嚴等等。這些民族主義著作在1999年5月，美國與北約軍隊意外炸毀中國駐南斯拉夫大使館後到達前所未有的高峰。事件發生不久後所出版的一本暢銷書中如此寫到：

> 不少同胞認爲：要想不受西方欺負，就必須把自己國家的事情辦好，把經濟搞上去。大家常説：落後就要挨打。這些話都對，但在今天的歷史條件下未免失之簡單。怎樣把經濟搞上去？幾十年來許多發展中國家都認爲走西方的路，加入資本國家大循環，就可以漸次達到西方國家的經濟水平，實現現代化。結果怎樣？西方絕不會允許第三世界國家躋身於他們的行列。[46]

嚴格來說，這種反西方的民族主義情緒並不能說是當時中國政治菁英的普遍態度，但他們並沒有對這些偏激的見解提出強有力的批判，反而是利用此一機會，創造出一個既支持經濟開放又迎合民族主義思維的新論述。1995年，在北京學界頗有影響力的《戰略與管理》雜誌刊登了一篇由時殷弘所撰寫的論文：「國際政治的世紀性規律及其對中國的啟示」。該文引用西方學者George Modelski的近代世界政治大循環理論，認為中國在未來有三種戰略可供選擇：「自助」（self-help）；「不出頭」（hiding）；「搭便車」（bandwagoning）。所謂「自助」，即是在國際政治的無政府狀態下，國家依靠自身的軍事、經濟、外交努力來保障其安全、獨立與強大。「不出頭」的實例就是美國歷史上的孤立主義。而「搭便車」的戰略則是與一流大國合作，爭取其支持，以有效抵銷來自大國或國際體系的壓力。時殷弘認為，中國應該就這三種戰略選擇其一，作為21世紀的對外戰略，並形成今後半世紀的基本外交哲學。[47]

時殷弘的文章揭開了往後大陸戰略學界一連串關於中國崛起戰略的討

---

[46] 房寧等，《全球化陰影下的中國之路》（北京：中國社會科學出版社，1999年），頁4。

[47] 時殷弘，〈國際政治的世紀性規律及其對中國的啟示〉，《戰略與管理》，第2期，1995年，頁1-3。

論。有些人認為中國崛起必將牽動中國與鄰近國家的關係，因此中國對國際社會應該採取「積極參與」的態度，一方面積極防止美國聯合周遭國家共同遏止中國崛起，另一方面在國際上讓中國參與國際秩序的建構。換言之，中國應該以「鬥爭加合作」的方式，使國際社會正視中國的存在。[48]也有人認為中國在新世紀應該將國家安全視為「維護國家發展權」的核心概念，中國不僅應該由傳統的維持領土安全轉變為維護中國在世界政治上的政治與經濟利益。[49]還有人預測中國在成為大國的過程中，除了融入既有的國際秩序外，似乎沒有其他的選擇。[50]

中國崛起方式的討論證明了當代中國政治菁英在對經濟快速成長的中國已展現出前所未有的自信。另一方面，所謂「崛起戰略」的討論也可顯示部分學者企圖利用學術環境為執政者量身訂做一套符合當時改革開放氣氛的政治方略，進一步提升學術界在中央決策者心目中的影響力。到了2003年12月，中國總理溫家寶在美國哈佛大學演講時，正式提出「中國的崛起是和平的崛起」的概念：

> 我們在擴大對外開放的同時，更加充分和自覺地依靠自身的體制和創新，依靠開發愈來愈大的國際市場，依靠把龐大的居民收入轉為投資，依靠國民素質的提高和科技的進步來解決資源和環境問題。中國和平崛起發展道路的要義就在於此。[51]

溫的演講呼應了一個月前，前中共中央黨校副校長、被外界視為胡錦濤智囊的鄭必堅演講時提出的「中國的崛起將是和平的崛起，而不是挑戰和威脅」的說法。[52]胡錦濤則是在當年12月26日紀念毛澤東誕辰一百一十

---

[48] 閻學通，〈中國崛起的可能選擇〉，《戰略與管理》，第2期，1995年，頁11-14。

[49] 張文木，〈中國國家安全哲學〉，《戰略與管理》，第1期，2000年，頁31。

[50] 唐世平，〈再論中國的大戰略〉，《戰略與管理》，第4期，2001年，頁29-37。

[51] 《人民網》，2003年12月11日。

[52] 鄭必堅，〈中國和平崛起新道路和亞洲未來〉，《2003年博鰲論壇演講》，2003年11月3日<http://big5.china.com.cn/chinese/OP-c/448115.htm>

週年座談會上首次提出和平崛起的概念。一時之間，「和平崛起」儼然成為領導人闡述國家發展戰略的主要論述。即使中國領導人在2004年後已不再使用「和平崛起」的說法，只強調「和平發展」，但這個概念已經廣為傳播，成為外界理解當前中國外交政策的主要內容。[53] 此時，當部分西方研究中國的學者還在執著於中國是否即將崩潰的辯論時，中國的政治菁英早已經為中國的國家安全制定出一套完整的論述。這套論述的主要內容是：中國必須繼續保持改革開放的方向不變，改革開放是中國崛起成為強國的唯一方式。另一方面，中國領導人明確地告訴人民任何改變政治體制的時機尚未到來，因為改變政治體制等於改變國家穩定的基礎，只會讓中國陷入前所未有的險境，只有國家才能帶來安全。國家安全成為中國的威權政治體與經濟上改革開放政策之間的接合點，使三者形成牢固不破的政經鐵三角！因此我們不難理解何以總理溫家寶會在全球金融危機出現後，急切地宣示中國2009年的經濟成長率必須保住8%的目標。因為他心裡非常清楚，只有讓經濟持續保持成長，中國人才會繼續支持現有的政治體制，才會繼續活在大國崛起的夢想裡。

結論：經濟與國家主權

2005年，美國高盛公司高級顧問Joshua Copper Ramo在英國外交政策研究中心發表了一篇題為Brand China（淡色中國）的報告，提出「北京共識」（Beijing Consensus）的說法。他認為中國改革開放的成功之處不僅僅是經濟上的高度成長，而是能在發展的過程中維持一定的社會穩定。因此中國的發展方式已為其他開發中國家提供了一個除了西方發展模式之外的新選擇。Ramo的「北京共識」主張在大陸知識界引發相當多的討論，這不僅是因為中國學者認為中國社會和西方相比具有一定的獨特性，例如龐

---

[53] 關於和平崛起概念對中國外交政策的影響，見陳牧民，〈當和平崛起遇上台灣問題：菁英認知下的中國安全戰略〉，《中國大陸研究》，第49卷，第4期（2006年12月），頁1-26。

大的人口、高比例的農民及政治體制上的差異，還因為中國具有悠久的歷史文化傳統，強調社會穩定與集體利益，這些都深深影響中國人的思維與做事方式。因此中國的發展並不是複製西方模式，而是在參與市場經濟的基礎上摸索出適合自己的發展道路。

也因此近年來海外學者與大陸學界談到中國未來政治發展方向等問題時，往往驚訝地發現部分中國知識份子會做出「民主不適合中國」的結論。因為民主等於動亂、穩定等於經濟成長的概念已經成為當代中國許多人心中一種根深蒂固的思想。[54] 對於習慣民主制度的外人來說，大陸知識份子的心態很難理解，不過如果從中國過去政治發展的歷程來看，未必沒有道理。表4.1列出了部分中國自改革開放以來的一些發展指標排名。這些數字所顯示的是一個原本封閉落後的社會，決定打開大門與世界接軌三十年的結果。在經濟與貿易方面，中國的成就的確值得稱許。但另一方面，中國在政治上與二十餘年前並沒有太大差異：缺乏競爭的封閉性政治體制仍然存在，在這個體制內的政治菁英繼續牢牢掌握所有的資源與政策的論述權。這使得今日的中國已經成為人類政治發展史上最奇異的綜合體：一方面堅持對外開放，全力擁抱資本主義市場經濟；另一方面，政治菁英把維持政治穩定與維護國家主權安全上升到前所未有的高度。我認為中國之所以出現這種經濟與政治發展不對等的狀態，是因為政治菁英在改革開放的過程中，逐漸創造出一套結合「經濟發展」與「國家安全」的標準論述：只有國家能帶給人民安全；任何挑戰國家權力的作為就是危害國家安全；國家所創造出的穩定秩序才能讓經濟持續成長。這套安全論述之所以成功，是因為其內涵是緊緊扣住中共改革派領導人所秉持的兩套意識形態：經濟上的資本主義與政治上的威權主義。由Cox的角度來看，政府做為國內政治合法暴力壟斷者的本質強化了統治者與人民之間由上對下的權力關係，因此中國的國家處境是否安全這樣的問題不再由外在環境所決定，而是由統治者與政治菁英為了維護其利益所做出的判斷。政治菁英決

---

[54] 關於中國當代中國知識份子對國家未來走向的看法，可見：Mark Leonard（馬克‧里歐納德）著，《中國怎麼想》（台北：行人，2008）。

定了經濟發展的方向，也同時選擇了一條讓人民不會輕易挑戰自己統治地位的精明策略。

表4.1　中國自改革開放以來部分發展指標居世界的位次[55]

指標	1978	1980	1990	1995	2000	2003	2004
平均預期壽命*	75（169）**	77（173）	83（186）	85（188）	88（190）	86（190）	--
國內生產總值（美元）	10	11	11	8	6	6	6
人均國民總收入（美元）*	175（188）	177（188）	178（200）	157（205）	141（207）	134（207）	--
進出口貿易總額（美元）	27	25	16	12	8	4	3
出口額	28	28	14	12	7	4	3
進口額	27	22	17	12	9	3	3
外來直接投資（美元）	--	60	12	2	9	2***	--
外匯儲備（美元）	40	37	7	2	2	2	2
人文發展指數*	--	--	79（160）	106（174）	96（173）	85（177）	--

注：*括號中所列為排序資料的國家和地區數
　　**1977年數
　　***若資本過境國盧森堡除外，中國居第一位

---

55 資料來源：中華人民共和國國家統計局，《中國統計信息網》，<http://210.72.32.6/cgi-bin/bigate.cgi/b/g/g/http@www.stats.gov.cn/tjsj/qtsj/gjsj/2005/t20060721_402409897.htm>

第五章　國家主權與區域安全：西發里亞體系下的中印領土爭議[*]

> 達旺（Tawang）是印度領土不可分割的一部分。中國對這個地方的要求是站不住腳的。
>
> ——印度阿魯那恰爾邦首席部長Khandu[1]

> 達旺地區是我們管轄很明確的地方。印度若不把達旺交還中國，我國中央政府就沒法向西藏自治區政府交代。
>
> ——中國前駐印度外交官葉正佳[2]

前言

在上一章中，我嘗試分析「安全」的概念與政策在國內政治的作用，特別是政治菁英如何將安全政策作為強化其統治地位的工具。但如果我們進一步把分析拉到國家之上的層次，這樣的思維就不一定能幫我們瞭解諸多國際政治的現象。舉例來說，1962年10月到11月，中國與印度在靠近喜馬拉雅山的邊境上爆發一場戰爭。這場戰爭的發生的原因與過程如下：

1960年，印度邊防軍隊發現中國在阿克賽欽（Aksai Chin）地區（位

---

[*] 本章內容是依據較早的一個版本修改而來：陳牧民，〈領土主權與區域安全——中印領土爭議分析〉，《台灣國際研究季刊》，第5卷第1期（2009年春季號），頁157-183。

[1] 引自Barun Roy, "China's claim over Tawang unattainable," Himalayan Beacon, September 5, 2008 <http://beacononline.wordpress.com/2008/09/05/ "china's-claim-over-tawang-untenable" >

[2] 劉朝華紀錄整理，〈中印邊界問題座談會紀實（上）〉，《南亞研究》，第1期，2007年，頁47-48。

於兩國邊界的西段，在中國新疆地區）鋪設的公路。印度政府一向視該地區為印度領土，因此向北京抗議，要求中國撤出該地區。中方拒絕後，兩國關係陷入緊張狀態。此後兩國政府不斷對邊界增派軍隊，並沿途設立戰略據點，小規模武裝衝突時有所聞。雙方軍隊的對峙終於到1962年10月20日爆發為戰爭。中國軍隊在東西兩邊戰場都取得明顯的勝利，占領了大片原本為印度實際控制的領土，對印度來說，此戰爭實為前所未有的軍事挫敗。11月21日，印度政府正式要求美國介入，但中國邊防軍卻在此時自行宣布停火，並退回戰爭爆發前的實際控制線（Line of Actual Control）。戰事宣告結束。

這樣一場牽動兩個亞洲大國的戰爭因領土爭議而起，也因領土回復現狀而終。為什麼甫獲得獨立地位的印度決定以武力來解決兩國之間長久存在的領土糾紛？為什麼中國在將印軍驅逐回戰前的實際控制線之後，就自行宣布停戰？換言之，為何兩國的決策者如此有默契地共同演出一齣維護主權與領土的大戲？

國家之間的衝突必然破壞現有的國際政治秩序，成為政治家與國際關係學者眼中的安全危機。今天我們所看到的國際衝突，絕大部分都與領土（territory）、主權（sovereignty）或國家權力（state power）受到威脅有關。1991年波灣戰爭肇因於伊拉克入侵並併吞科威特；1948年以色列建國之後與鄰近阿拉伯國家之間所發生的三次戰爭（1948、1967、1973年）都與巴勒斯坦地區的主權歸屬有關；兩次世界大戰的爆發更可歸咎於歐陸大國之間權力失衡。換言之，領土、主權、權力三者與國際安全之間的關係才應該是討論區域安全問題的主軸。在這一章中，我將進一步分析「主權」、「領土」與「安全」之間的關係，主要的觀點如下：如果安全政策在國內政治的作用是為了讓政治菁英有效維護其統治權，安全政策在國際社會的作用便是維繫國家與國家之間（inter-state）的一種穩定秩序。促成秩序的規則並非由某個國家或某些人所刻意創造出來，而是人類社會歷史發展所創造出的某些條件促使一些特殊的政治安排發展成我們今天所認為理所當然的結果。在以下討論中，我將先以現實主義學者對國家的討論為起點，再進一步分析主權在國際政治的主要作用，最後將以此來檢視中國

與印度之間的領土爭議。這個案例的分析並不是要提出對中印邊界爭議的解決方式，而是由歷史發展過程來理解為何這片過去處於兩大文明邊緣的地域卻在20世紀中葉變成兩個崛起大國亟欲爭奪的戰略目標。

主權國家與國際秩序

　　主權國家是現代國際社會的基本組成單元，國家之間的互動則是國際政治研究者研究的重點。我認為在國家與國家互動的層次上，「主權」、「領土」與「國家權力」之間的關係必須進一步釐清。國際關係學者均同意「主權」是「一群人所組成的社會在特定領土範圍內，成功地行使其合法的自治權力，而不受外界任何干涉」。因此一定範圍的領土是主權形成的要件：我們幾乎沒有辦法想像一個不具有一定領土的政治實體可被國際社會承認為一個主權國家。[3]「權力」則是主權國家在國際社會上展現影響力的工具，國家必須展現一定的權力以保障其領土與主權不受其他國家的侵犯。日本在第二次世界大戰後採用和平憲法，以自廢武功的方式廢除軍隊，但仍保有一定的自衛武力，2007年1月更正式將防衛廳升格為防衛省，可見追求權力是所有國家的本能。

　　一定範圍的領土、主權獨立不受侵犯與國家追求權力的作為共同構成現代國家的基本樣貌。但受到現實主義影響，20世紀國際關係學者對國際政治現象的分析完全偏重在強權國家行使權力所造成的結果，對主權與領土的論述著墨甚少。縱然沒有現實主義理論家的興風作浪，我們也不難理解為何會有這種現象：在歷史發展過程中，強權改變現狀能力往往能凌駕在主權原則之上，而領土有時甚至成為強權勢力擴張的戰利品。所以國際

---

[3] 十字軍東征時期即建立的馬爾他騎士團（Sovereign Military Order of Malta）是一個具有主權地位、但無實際領土的政治實體。馬爾他騎士團目前與世界上九十六個國家（大多為天主教國家）建立正式外交關係，並在聯合國及歐盟設有代表團。即使如此，馬爾他騎士團卻不被國際法學者及聯合國視為主權國，而多將其視為一個主權實體或國際組織。

關係的本質是強權之間權力的較量與平衡。美國學者摩根索（Hans J. Morgenthau）在其鉅著《國際政治學》（*Politics among Nations*）中如此敘述：幫助政治現實主義瞭解國際政治現象的主要路標，就是利益的觀念。利益的定義，以權力為基礎。[4] 他進一步表示：

> 國內政治與國際政治不過是同一種現象的兩種不同表現而已，這
> 現象就是爭奪權力。所有政治現象可以析化為三項基本模式之
> 一。一項政治政策無非是試圖保持權力、增加權力或表現權力而
> 已。[5]

結構現實主義學者Kenneth Waltz則進一步探討在無政府狀態下的國際體系之中，具有影響力的大國之間勢力如何劃分才能保持平衡。他在《國際政治理論》（*Theory of International Politics*）一書中，認為國際政治結構上的無政府狀態（anarchy）本質使得所有國家成為類似的單元（like-units），並為了生存需要而執行相同的功能（perform similar functions）；因此國際政治結構的型態是強權之間能力分配的結果（distributions of capabilities among great powers）。[6] 因此在現實主義者眼中，「利益」是所有國家行為的動機，表現在外的就是「權力」。除了權力之外，現實主義學者沒有認真論述主權與領土與國際安全的關係，甚至也沒有特別分析「國家」的核心概念是什麼。對現實主義學者而言，「主權國家是否為國際政治基本單元」是一個不需要耗費時間討論的問題。真正需要討論的只是國家的行為的背後動機，以及國家間互動的形式。現實主義者非常努力地維護國家在國際政治的中心地位，因為只要國家成為國際政治基本單元

---

[4] Hans J. Morgenthau著，張自學譯，《國際政治學》（*Politics Among Nations*）（台北：幼獅文化事業有限公司，1976年），頁6。

[5] Hans J. Morgenthau,著，張自學譯，《國際政治學》（*Politics Among Nations*）（1976年），頁54-55。

[6] Kenneth N. Waltz, *Theory of International Politics* (Addison-Wesley Publishing Company, Inc., 1979)，第4、5章。

的假設被推翻，整個現實主義的理論基礎就會隨著傾覆。

　　所以我們不難理解為何在《國際政治理論》（*Theory of International Politics*）一書中，Waltz會耗費相當篇幅對那些批評國家中心論的觀點提出反擊。這些批評主要是基於兩個理由：第一，國家從來都不是國際政治的唯一行為者；第二，國家在國際政治的重要性正在逐漸降低。Waltz的回應頗有說服力：國家當然並非唯一的行為者，但卻是主要的行為者；國家的影響力雖然時有消長，但歷史上很少有國家消失。[7]

　　簡單來說：現實主義學者對安全與國家的看法大致可歸納為以下幾點：

1. 國家的存在以生存（survival）為目的，但不同國家的實際行為可能有很大的差距，從成為企圖征服世界的霸權到只求苟延殘喘的小國都有可能。
2. 「利益」是國家行為的動機，表現在外的就是「權力」。現實主義學者觀察的對象的是國家追求權力所產生的結果。
3. 國際體系中的「安全」狀態主要指的是國家之間不發生戰爭（absence of war）；特別是強權之間的權力衝突能否解決。

　　Waltz等現實主義學者把國家存在視為理所當然的立場成為後來批判安全理論學者批判的焦點。Krause與Williams認為現代現實主義國際關係理論是建築在對國家與其行為的一種特殊理解之上。這種理解將國家與國際社會的無政府狀態下都視為客觀存在的事實。[8] 這種理解與現實主義理論所秉持的實證主義（Positivist）科學觀有直接關係。也就是說，如果我們認定「無政府狀態」與「主權國家」都是客觀存在的事實，那國家追求權力的行為就是必然的結果。Barry Buzan對國家與國家安全之間的關係有

---

[7]　Kenneth N. Waltz, *Theory of International Politics* (1979), pp.91.

[8]　Keith Krause and Michael Williams, *Critical Security Studies* (Minneapolis: University of Minnesota Press, 1997), p. 39-40.

更為完整且細膩的論述。在《人們、國家與恐懼》（*People, State, and Fear*, 1991）一書中，Buzan認為國家在歷史發展過程逐漸證明是一個比其他政治實體更具有政治合法性的普世標準。國家的力量可以由在政治上的權威與在軍事上指揮軍隊表現出來。

　　但國家到底是什麼？Buzan認為可由兩個角度加以觀察：第一是由內向外的角度，這是由傳統政治學與社會學者的觀點，國家（state）與社會（society）分屬社群的不同面向。其中國家具有政治的意涵：中央政府建立各種機構，以執行統治社會的合法權力。由外向內來看（在此多為國際關係學者的觀點），國家是在國際社會無政府狀態下，以領土形式存在的政治單元，而國際社會基本上就是由這些單元所組成。國家內部的型態與運作方式並非重點。Buzan認為對國家的理解應該同時由這兩方面觀察。因此國家可被視為在一定領土範圍內的政治─社會實體（political-societal entity）。在這個實體內，統治機構與由人組成的社會在限定的領土內共同執行排他性統治權。Buzan認為：安全研究必須將國家與國際體系之間視為一種相互構成的關係（mutually constructive relationship）。在這樣的關係之中，國家的內部（具有統治權力的政府機構）與外部條件（無政府狀態下的國際環境）對形成國家的主體同樣重要。因此Buzan認為國家是一種「領土─政治─社會的融合形式」（territorial-political-societal nexus）。[9]

　　Buzan進一步討論國家的三個主要組成部分：國家的概念（idea of the state）；國家機構（institutions）與物質基礎（physical base）。他認為由於不同國家在這三部分強弱各有不同，國家與社會之間的聚合力（cohesion）也有所不同。聚合力弱的國家（他稱之為weak states）感受的威脅程度往往大於聚合力強的國家（書中稱為strong states）。Buzan的理論對我們進一步比較國家對威脅的感覺程度大小有很大的幫助，加上他認為無政府狀態只是國際社會的一種形式，而不是一個安全上的問題來源，因此這樣的理論極有潛力將當代國際關係理論引導到與Waltz的「結構決

---

[9]　Barry Buzan, *People, States and Fear* (1991), p. 16.

定論」完全相反的結論。[10] 只是在往後的安全研究中，Buzan卻與Ole Waever等人合作，轉向探討安全化（securitization）與區域安全複合體（RSC），也就是在區域層次分析成員之間的互動。[11]

　　從Waltz到Buzan，我們可以進一步推斷出主流國際關係學者對國際社會「安全」狀態的認定：

　　　安全就是主權國家之間的權力關係保持某種平衡的狀態，簡單來
　　　說就是維持現狀。

　　在「安全」的狀態下，國家存在的目的既在維護其對領土範圍內人民、財富及社會的管轄權，也在維護由所有主權國家所共同認可並支撐的國際政治秩序。當此一秩序遭到破壞之後（如20世紀的兩次世界大戰），具有主導力量的強國往往有義務重新建立一個符合權力分配狀況的新國際秩序。第一次世界大戰結束後成立的國際聯盟與第二次世界大戰後出現的聯合國都反映了戰勝國美國對未來國際政治秩序的期望。聯合國憲章第一章第2條規定就規定了第二次戰後國際秩序的基本原則：

- 本組織係基於各會員國主權平等之原則。（第一款）
- 各會員國應以和平方法解決其國際爭端，避免危及國際和平、安全、及正義。（第三款）
- 各會員國在其國際關係上不得使用威脅或武力，或以與聯合國宗旨不符之任何其他方法，侵害任何會員國或國家之領土完整或政治獨立。（第四款）

　　各國主權平等而獨立，避免衝突，並禁止使用武力侵害其他主權國家

---

[10] Barry Buzan, *People, States and Fear* (1991), p. 149.

[11] Barry Buzan, Ole Waever and Jaap De Wilde, *Security: A New Framework for Analysis* (1998).

的領土完整與政治獨立就是第二次戰後由各國所公認的國際秩序。這樣的
秩序——也就是國際關係學者所稱的西發里亞體系（Westphalian System）
——究竟如何發展而來？為何維持主權國家之間的秩序與互不侵犯會成為
我們評斷國際社會是否達到安全狀態的唯一準則？這必須由主權概念的出
現與發展講起。

西發里亞的迷思

「西發里亞體系」一詞源於1648年在今日德國明斯特市（Münster）
和奧斯納布呂克市（Osnabrück），由神聖羅馬帝國、西班牙、奧地利、法
國、瑞典以及神聖羅馬帝國內布蘭登堡、薩克森、巴伐利亞等諸侯邦國所
簽定的一系列和約，該和約象徵三十年戰爭的正式結束，並確立主權國家
的概念。許多國際關係學者都認為西發里亞和約（The Peace of
Westphalia）是真正將主權理論付諸實現的開端。陳偉華認為：西發里亞
和會所建立的普遍原則，是「主權國家認定的基本模式」。在這個模式之
下，「主權不但是國家內部最高的政治權力形式，亦為國家政治決策的最
高權力機制」。因此「主權可在一定的疆界中，藉相關體制行使絕對的權
力意志」。[12] 傳統的國際關係學者，無論是否為現實主義的擁護者，幾乎
都將主權視為一個理所當然的概念。國家如何透過主權取得對領土的絕對
統治權，以及此權威如何在歷史發展過程中獲得認可並不是國際關係理論
界感興趣的問題。[13] 現代通行的國際法對國家如何行使主權有十分明確的
規定，例如主權國家得享有以下的權力：

---

[12] 陳偉華，〈主權與戰爭：兩岸關係的轉捩點〉，《遠景季刊》，第2卷第3期，2001年7
月，頁191。

[13] Samuel J. Barkin and Bruce Cronin, "The state and the nation: changing norms and the
rules of sovereignty in international relations," *International Organization*, Vol. 48, No. 1,
Winter 1994, pp. 108-109.

1. 對國內事務的排他性控制權；
2. 允許外國人士入境並將其驅逐出境的權力；
3. 外交代表在他國的權利；
4. 對境內犯罪事件的管轄權。

同時主權國家也必須遵守相當的義務，例如：

1. 不在他國領土範圍內行使主權行為；
2. 防止或避免國民在他國從事破壞對方主權的行為；
3. 不干涉他國事務。[14]

在這些原則之下，任何破壞主權原則的行為將遭到國際社會的集體制裁。1991年第一次波斯灣戰爭是一個大家都熟悉的案例。[15] 這場戰爭花費高達1,140億美元，最後的結果竟然只是將伊拉克軍隊驅逐回戰前的邊界，並協助一個獨裁的科威特王室回復其統治權。

主權果真神聖而不可侵犯？其實不然。如果各國都尊重主權，是不是國際社會就能永保安全無虞？近年來一些國際關係學者的論述，已經逐漸

---

[14] 邱宏達，《現代國際法》（台北：三民書局，2004年），頁263。

[15] 第一次世界大戰前，科威特是隸屬於鄂圖曼土耳其帝國的伊拉克的一個自治省份。戰爭期間科威特被英國佔領，後來英國讓其獨立成為王國。但伊拉克始終不承認科威特的獨立。伊拉克在兩伊戰爭期間欠下科威特高達140億美元的債務，加上邊界爭議，使兩國間嫌隙漸深。1990年8月伊拉克突然派軍進攻科威特，將其併入伊拉克。聯合國安理會立刻通過第660號決議譴責伊拉克對科威特的入侵，要求伊拉克撤出科威特。當時美國總統老布希（George H. W. Bush）宣布美國將全力防止伊拉克入侵沙烏地阿拉伯，在代號「沙漠盾牌行動」之下，美軍在該年8月7日進駐沙烏地阿拉伯，美國海軍艦隊也陸續進入戰鬥地區，最後美軍在當地的駐軍達五十萬人。聯合國安理會在11月29日通過第678號決議，限定伊拉克在1991年1月15日前撤出科威特，並授權「以一切必要手段執行第660號決議」。同時美國發動組織了一個由34個國家組成的反伊聯盟，其後美國國會更正式授權美軍對伊使用武力。1991年1月16日，美國為首的盟軍開始對伊拉克軍事設施發動猛烈空襲。空襲行動持續一個月後，美軍開始發動陸上攻擊，但僅僅進行100小時就因伊拉克宣布撤出科威特而結束。大量伊拉克軍隊退回戰前邊界，2月27日美軍宣布解放科威特。波斯灣戰爭結束。

打破這種將主權定於一尊的想法。其中Andreas Osiander的研究發現一個有趣現象：西發里亞條約的簽訂與主權觀念的確立並沒有直接關係。三十年戰爭爆發前，神聖羅馬帝國的統治者哈布斯堡家族（Habsburgs）並沒有如一般歷史學者所宣稱的極力壓制法國、丹麥、瑞典、荷蘭等地統治者的王權。這些國家在名義上臣屬於神聖羅馬帝國，卻一直擁有相當獨立且自由的地位。反而是丹麥與瑞典的統治者刻意挑起此一戰爭，以削弱哈布斯堡家族的影響力。Osiander認為後世對西發里亞條約的解釋不僅讓哈布斯堡家族背了黑鍋，還讓往後的國際關係學者「誤認」國家主權的概念早在1648年就獲得確立。[16] Robert Jackson認為在第二次世界大戰之後，歐洲各國在亞非洲的許多殖民地在反帝國主義思想的影響下爭取到獨立地位，這些新興國家的主權獲得國際法的承認與保障，卻缺乏現代國家運作的條件，如有效運作的政府組織與維持法治的能力，例如查德、黎巴嫩等。這些「準國家」（quasi-states）僅僅得到形式上的主權平等與獨立，卻沒有與正常國家競爭的條件。Jackson在此創造出「負面主權」與「正面主權」兩個不同的概念：負面主權指的是國家能免於外在干涉的自由，是一種主權獲得他國公平對待與絕對尊重的法律狀態；而正面主權指的是國家能持續且正常發展，並能提供其國民更好生活的能力。與負面主權不同的是，正面主權並不是一種固定的狀態，而因國家的力量消長而不斷變化。他認為「準國家」的現象是因為這些國家在獲得獨立地位後，只擁有表面上與其他國家平等的負面主權，而沒有能力去發展正面主權。[17] 歐洲各殖民母國雖然知道這些新興國家沒有發展成正常國家的能力，但是在戰後一片民族自決與反對殖民主義的氣氛下，也只好勉強讓其獨立。結果就是出現一堆虛有國家外表、但經濟與政治秩序無法上軌道的準國家。

　　Samuel Barkin與Bruce Cronin更進一步將主權分為國家（state）與民族（nation）兩種面向。前者指的是「政治權威在固定領土上所執行的排

---

[16] Osiander, Andreas, "Sovereignty, International Relations, and the Westphalian Myth" *International Organization*, Vol. 55, No. 2, Spring 2001, pp. 251-287.

[17] Robert H. Jackson, *Quasi-States: Sovereignty, International Relations and the Third World* (Cambridge, 1990), pp. 26-31.

他性管轄權」（territories over which institutional authorities exercise legitimate control），而後者卻是「情感的共同體，並構成國家權威的政治基礎」（communities of sentiment that form the political basis on which state authority rests）。問題是自現代民族主義興起以來，強調以領土為中心概念的國家主權觀（state sovereignty）與強調人群的民族主權觀（national sovereignty）之間很難完全契合：在一個主權國家境內，如果有某個民族強烈主張自決獨立，就可能引發危機，甚至引起國際戰爭。但國際社會對這些問題的處理並沒有一定的標準。Barkin與Cronin發現：在某些時期，國際社會的主流價值是傾向接受國家主權，各國就可能支持既有國家維護其主權的作為，並默許統治者壓制國內的民族獨立情緒；在另一些時期國際社會普遍對民族獨立運動表示同情，各國可能支持某國境內民族自決的權利，甚至不惜以犧牲原有國家的主權為代價。[18] Stephen D. Krasner在1999年撰寫的《主權：組織化的偽善》（*Sovereignty: Organized Hypocrisy*）一書將主權分為四個面向：國際法主權（international legal sovereignty）、西發里亞主權（Westphalian sovereignty）、國內主權（domestic sovereieignty）、互賴主權（interdependence sovereignty）。他以威權（authority）與控制（control）兩種概念來區分主權的四種形式，例如西發里亞主權指的是國家具有防止他國干涉其內部事務的權威，而互賴主權意指國家是否有能力控制跨越國境的各種活動。[19]

也有學者進一步將主權概念分為內部主權（internal sovereignty）與外部主權（external sovereignty）：內部主權意指政治實體在領土內具有至高無上的權威，而外部主權是指其他國家承認上述權威。[20] 施正鋒認為這樣

---

[18] Samuel J. Barkin and Bruce Cronin, "The state and the nation: changing norms and the rules of sovereignty in international relations," *International Organization*, Vol. 48, No. 1, Winter 1994, p. 108.

[19] Stephan D. Krasner, *Sovereignty: Organized Hypocrisy* (Princeton: Princeton University Press, 1999), p. 10.

[20] Helen Thompson, "the Case for External Sovereignty," *European Journal of International Relations*, Vol. 12, No. 2, June 2006, pp. 251-274.

的分類是根據主權行使的範圍而來，實際上二者密不可分，因為「國際社會的承認除了看外部是否有相互競爭的權威，也看內部的權威是否穩固；相對的，國家對內的權威是否被接受，也端賴該國是否有能力維護獨立自主」。[21] 如果進一步觀察，可發現內部主權與外部主權並非同時出現，且國際社會對二者的態度也不盡相同。Helen Thompson指出：在主權觀念發展的早期，大多偏重在對內主權的論述，這可由法國哲學家布丹（Jean Bodin）與英國的霍布斯（Thomas Hobbes）的著作中看出。但是外部主權概念的出現卻是相當晚近的事，被國際社會認可並接受的時間更晚。Thompson發現，1648年的西發里亞和約並不像一般學者所宣稱的，是建立國家間相互尊重主權原則的起點。從17至20世紀，各強權十分熱衷於以各種方式干涉弱國的內政，完全不把對方的主權放在眼裡：1815年的維也納會議（Congress of Vienna）上，奧國等強權組成神聖同盟（the Holy Alliance），宣示將盡一切力量防止拿破崙（Napoleon Bonaparte）在法國復辟；在美國躍上世界舞台後，各總統們更是一再以明示或暗示的方式宣稱干涉其他國家內政是美國的權利。[22] Kranser也認為即使國際法主權與西發里亞主權都代表了一套完整的維持國際社會運作的基本制度，大國往往會為了維護其利益而刻意背棄或忽略這些制度，因此所謂主權其實是一種「組織化的偽善」（organized hypocrisy）。[23]

以上的分析可能會讓讀者感到更加困惑，因為主權的概念的確在過去數百年來不斷強化，但強權卻時常為了自身利益而干涉甚至破壞弱國的主權。這使得擁護主權與反對主權的學者都能在歷史中找到支持自己論點的實例。不過更為弔詭的是，現實主義學者以權力角度來理解國際政治，認為國際政治的無政府狀態使得權力往往凌駕在國際法秩序之上，但現實主義學者的理論基礎——國家為國際政治的基本單元——卻是由主權這樣的

---

[21] 施正鋒，〈國家主權獨立的政治分析〉，《共和國》，第5期，1998年7月，頁12-19。

[22] Helen Thompson, "the Case for External Sovereignty," *European Journal of International Relations*, Vol. 12, No. 2, June 2006, p. 256.

[23] Stephan D. Krasner, *Sovereignty: Organized Hypocrisy* (Princeton: Princeton University Press, 1999), p. 4.

法律概念所支撐起來。這其實是現實主義的一個內在矛盾。如果我們進一步以第三章所提出的分析架構來看，可發現「制度」層面最符合國家與國家之間安全關係的互動，而主權的概念正是維繫這個制度的關鍵。雖然主權在發展過程中亦遭強權破壞，但我們也不得不承認，主權概念所構成的當代國際政治秩序其實也是強權政治所創造出的結果。

　　我認為國家主權的概念之所以能夠發展至今而未被其他的制度取代，並不在於學者如何在理論上賦予其更完整的定義與說明，而是因為主權是人類歷史發展過程中西方國家逐漸摸索出唯一能有效維繫穩定國際政治秩序的一系列原則。這些原則的出現及確立是一個頗為漫長的過程。在布丹與霍布斯的時代，論述主權的主要目的是強調統治者在國內建立排他性的政治權威。到了19世紀工業革命之後，歐洲各國經濟發展與民族主義興起共同帶動國家統治機構的全面現代化，外部主權的概念才逐漸獲得真正實現的機會。進入20世紀，國家主權平等獨立與互不侵犯的概念逐漸成形，但這些原則仍然不斷遭到強權破壞。一直要等到第二次世界大戰結束與聯合國成立之後，各強權才真正接受各國主權平等獨立與互不侵犯等原則。第二次世界大戰後迄今，世界上沒有一個已經獲得獨立地位的主權國家被消滅或被其他國家完全併吞。

　　「領土」是讓主權發生作用的必要條件。如果我們進一步觀察主權在當代國際政治的作用，可發現對一定領土的控制是國家彰顯主權的最主要方式。領土雖然只是國家的四個構成要素之一（另外三個分別是人民、政府與主權），但人民是附屬在領土之上，而政府則是對領土的管轄機構。換言之，如果沒有領土，根本談不上主權。國際法學者所談到的主權國家的權利義務，如對「境內」犯罪事件的管轄權、不在「他國領土」從事主權行為等等，都與領土有關。領土概念符合人類幾千年歷史發展過程中所培養出的對空間的感知方式：透過對國家疆界的劃定，人類可以輕易的感覺到他們是存在某一政治權威的管轄範圍內，進而區分本國與外國的不同。這種模式的最大缺點是使得歷史上許多民族被迫屈從於其他民族的統治，只因為這個民族的居住地在國際政治下屬於他們並不認同的另一個民族的領土。庫德族（Kurds）是一個三千萬以上人口，並有獨立語言及文

化的民族，但因為其傳統居住地分散在土耳其、伊朗、伊拉克、敘利亞境內而沒有辦法成為一個獨立國家。不同民族之間對領土歸屬權的爭議更是許多國際衝突的根源。以色列與巴勒斯坦自治政府之間的衝突之所以遲遲無法解決，也是因為雙方對獨立之後的巴勒斯坦國與以色列之間的劃界，特別是耶路撒冷城的最終歸屬無法達成協議。

對國家統治者而言，對領土的直接控制是政權獲得合法性的重要手段。而領土控制權如被國際社會認可將進一步強化統治者對主權的論述。而國家權力既是統治者獲得領土控制權的工具，也是維護國家主權的主要憑藉。國家權力、主權與領土三者共同構成國家間關係穩定的基礎。以領土與主權的概念來取代強權的概念，會發現現實主義者對國際衝突原因的解釋是不完全的：現實主義者主張追求權力的行為源於無政府狀態下主權國家求生存的本能，卻忽略了權力競逐有很大一部分原因是國家的領土範圍受到外部威脅。除了權力競爭之外，兩國之間主權與領土衝突其實更容易引發戰端。一個「正常國家」必須同時具備一定範圍的領土、主權獨立不受侵犯與國家追求權力等三個條件。兩個正常國家之間如果在這三者中的任何一個出現爭端，就有可能釀成國際衝突。

中印領土爭議的起源與發展

中印兩國的領土爭議正是這樣的一個例子。依照北京政府說法，中印邊界長度達二千多公里，兩國爭議領土主要有三部分：位於西段喀什米爾東部拉達喀（Ladakh）地區的阿克賽欽（Aksai Chin）地區，總面積約為三萬平方公里，目前由中國實際控制；中段區域為兩國在尼泊爾與喀什米爾之間的小塊未劃界區域，面積約二千平方公里；東段藏南地區之面積最大，約為九萬平方公里，目前由印度實際控制。但印度始終認為兩國爭議的邊界應該也包括西藏與錫金的邊界，以及巴基斯坦在1960年代劃給中國的一部分喀什米爾領土邊界，總長達四千多公里（雙方爭議地區見圖5.2

與圖5.3）。[24]

　　目前雙方主要的爭執點在於西段與東段兩塊領土的歸屬權。依照大陸學者的說法，東段藏南地區由門隅、洛渝、下察隅三地區組成，並且「自明代以來就在西藏政府有效管轄之下」。此地區的居民均為藏人，且六世達賴喇嘛也在此地的達旺的出生。中國方面一致認定此段邊界問題源自英治印度時期：1913至1914年，英國乘中國內部局勢不穩，邀請中國與西藏代表至印度西姆拉（Simla）舉行會議以討論劃界問題，會後劃定「麥克馬洪線」（McMahon Line），將中國稱之為「藏南地區」的西藏南部的疆域劃為英屬印度領土，並以英國與西藏政府秘密換文之方式生效。[25] 不過印度學者的說法有明顯不同：西姆拉會議的主要目的是劃分西藏的邊界，中國在內藏地區擁有管轄權，而外藏地區為保持自治狀態，但仍為中國藩屬（Suzerainty）。因此在會議中討論的主要是兩段邊界：一是內藏與外藏的界線，以藍色線表示之；而整個西藏作為一個地理與政治單元與外部的界線由紅色表示。（見圖5.1）當時中國政府在乎的是第一條線，因為這牽涉到中國對西藏的管轄界線；而西藏與英屬印度之間的邊界（也就是今日所稱之麥克馬洪線，當時還延伸到緬甸）則是由英國代表Charles Bell與西藏政府代表Lonchen Shatra進行談判，並獲得雙方政府的同意。[26]

　　中國政府以西藏為中國一部分之理由拒絕承認西姆拉條約之法律效力，當然也不承認麥克馬洪線為西藏與印度之邊界。中國學者表示西藏政府曾在1947年以備忘錄方式通知剛獨立的印度政府，聲明麥克馬洪線以南區域為西藏領土，只是沒有進一步的作為。[27] 但印度學者卻指出中國政府

---

[24] 關於印度對巴基斯坦與中國劃界的態度，見：A. G. Noorani, "Facing the Truth," Frontline, vol. 23, no. 19 & 20, (Sep.23 & Oct. 7, 2006), <http://www.hinduonnet.com/fline/fl2319/stories/20061006006512300.htm> <http://www.hinduonnet.com/fline/fl2320/stories/20061020001608500.htm>

[25] 康民軍，〈試析 "麥克馬洪線" 問題的來龍去脈」〉，《首都師範大學學報》第149期，2006年第6期，2006年，頁24-29。

[26] A. G. Noorani, "Strategic Differences," *Frontline*, January 2, 2009, p. 84-85.

[27] 有趣的是，十四世達賴喇嘛近年的說法似乎認為邊界問題早在1914年就獲得解決。詳見後文。

圖5.1　1914年西姆拉會議所劃定的西藏邊界

在西姆拉會議期間針對草約內容一共提出八次抗議，沒有一次是關於西藏與印度邊界，等於默認英國與西藏政府之間所劃定的邊界。[28] 印度自獨立之後，繼承英國政策而將麥克馬洪線視為地理上的中印兩國邊界，廣在該線以南地域設立哨所，且正式占領達旺。1950年，當總理尼赫魯在國會報告中印邊界問題時，清楚的表明：麥克馬洪線就是印度與西藏的邊界！中國直到總理周恩來1956年首次訪新德里時才對印度的立場表示異議。[29] 1954年印度更在該地設立東北部邊境特區（North East Frontier Agency），歸外交部管轄。[30] 後來在1987年將此一地區改稱為阿魯納恰爾邦（Arunachal Pradesh），為印度28個邦之一。[31]

---

[28] A. G. Noorani, "Strategic Differences," *Frontline*, January 2, 2009, p. 86-87.

[29] Chien-peng Chung, *Domestic Politics, International bargaining and China's Territorial Disputes*, (London: Routledge, 2004), p. 99-100.

[30] 張敏秋，《中印關係研究（1947－2003）》（北京：北京大學出版社，2004年），頁66。

[31] Robert L. Jr. Hardgrave and Stanley A. Kochanek, *India: Government and Politics in a Developing Nation* (Fort Worth, TX: Harcourt Brace College, 1993), p. 141.

　　西段阿克賽欽地區在歷史上西藏與喀什米爾之交界地帶。由於地處偏遠且人跡罕至，1947年之前英印殖民政府一直未與中國正式劃界。英國原本希望將阿克賽欽地區視為中國領土，做為對抗俄國的緩衝區，而中國也於1892年在喀拉崑崙山口豎立界碑。但在19世紀末至20世紀初，由於中國持續內亂，英方開始將英籍調查員W. H. Johnson在1865年所建議的喀什米爾與中國界線視為英屬喀什米爾與中國之邊界。該界線一般稱為約翰遜線（Johnson Line），將阿克賽欽直接劃為喀什米爾拉達克地區之一部分。印度獨立之後，印度政府開始向中國宣稱約翰遜線為中印邊界，印度總理尼赫魯更在1954年宣稱阿克賽欽在過去幾世紀一直是拉達克的一部分，因此印度對此地區的領土主張是無庸置疑的。[32] 阿克賽欽地區對中國的重要性是因為這地區是新疆進入西藏的必經之路，而由新疆進入西藏更是中國內地進入西藏的三條主要通道之一（另兩條是由青海與四川入藏）。解放軍自1950年進入西藏之後，開始著手修建新藏、青藏與川藏三條公路，以期解決內地至西藏的運輸及補給問題。新藏公路於1957年完工之後，立刻成為解放軍對西藏物資補給的主要通道，但也進一步升高中印之間的摩擦。[33]（如圖5.2）

　　印度自獨立後原本與中國關係十分友好，但1959年西藏宗教領袖達賴喇嘛出逃印度，並獲得印度政府庇護後，兩國關係開始惡化。中國指控印度企圖扶植西藏分離勢力，進而與西方合作圍堵中國；而印度認定中國勢力進入西藏是對印度國家安全的重大威脅。從1959年至1962年夏天，中印兩國部隊在邊界上發生多次武裝衝突，中國總理周恩來甚至於1960年4月親赴德里與尼赫魯會談商討解決領土爭議，當時周恩來甚至願意以承認麥克馬洪線的方式來避免衝突。[34] 但由於兩國嫌隙已深，中國一直認為印度是有計畫以武力圍堵中國，而印度軍方則不斷執行「前進政策」（forward

---

[32] 張敏秋，《中印關係研究（1947－2003）》（2004年），頁68。

[33] John W. Garver, *Protracted Contest: Sino-Indian Rivalry in the Twentieth Century* (Seattle: University of Washington Press, 2001), pp. 82-83.

[34] A. G. Noorani, "Truth and Tawang," *Frontline*, December 19, 2008, p. 83-87.

圖5.2　中印西段爭議領土

policy），企圖在邊境上占據更為有利的戰略位置。這些衝突最終導致
1962年10月的邊界戰爭。

　　中印邊界戰爭後，中國政府在1962年11月21日單方面宣布停火，並決
定將邊防部隊後撤二十公里。印度政府並未正式回應中方的停火建議，但
因實際上沒有進一步的軍事作為，等於默認接受停火。為期一個月的中印
邊界戰爭遂告結束。中印邊界戰爭發生的過程以及中印關係並非本文討論
之重點，我感興趣的是在戰事發生後，中印兩國對爭議邊界處裡的態
度。[35]

---

[35] 目前中文學術界對中印關係的研究絕大多數為大陸學者所做，內容大致可歸納為領
　　土爭議與兩國戰略關係等兩類議題。其中關於領土爭議的研究以歷史背景的學者居
　　多，內容多半討論中印領土爭議的起因，以及1962年中印戰爭的前因後果。相關學
　　術論文多集中出現於歷史學與區域研究相關之學術期刊。主要研究論文包括：呂昭
　　義，〈關於中印邊界東段的幾個問題〉，《歷史研究》，第6期，1997年，頁
　　74-91。；房建昌，〈近代中印中段邊界史初探〉，《中國邊疆史地研究》，第1期，
　　1998年，頁80-88。；康民軍，〈試析20世紀五六十年代中印關係惡化的原因——中

　　1962年後中印關係陷入長期冷凍狀態，直到1976年兩國政府才同意恢復中斷十四年的外交關係，重新互派大使。1981年中國副總理兼外長黃華訪問印度，兩國政府同意開始就邊界問題進行談判。自1981年12月至1987年7月，雙方共舉行八輪副部長級會談；1988年印度總理拉吉夫甘地（Rajiv Gandhi）訪問北京時，決定與中國共同建立一個邊界問題聯合工作小組（Joint Working Group, JWG）取代原來的副部長級會談，並決定該小組的負責人分別是中國外交部副部長與印度外交部秘書。該小組自1988年至2005年間共進行了十五次會談。此外雙方也在1994年4月設立了一個

印邊界戰爭40週年回顧〉，《當代中國史研究》，第10卷1期，2003年，頁103-114。；康民軍，〈1954年中印協定與中印邊界爭端——和平共處五項原則創立50週年回顧〉，《當代中國史研究》，第11卷6期，2004年，頁52-63。；康民軍，〈約翰遜線及其在中印邊界爭端中的地位〉，《首都師範大學學報》，第4期，2004年，頁20-26。；黃想平、齊鵬飛，〈淺析中國政府在中印邊界爭端中的危機處理〉，《當代中國史研究》，第13卷1期，2006年，頁79-86。；馬榮久，〈國外關於中印領土的爭端的研究〉，《當代中國史研究》第14卷2期，2007年，頁119-122。；張喜順、辛益，〈中印關係的歷史及發展趨勢〉，《史學月刊》，第7期，2002年，頁119-122。至於中印兩國戰略關係的研究，多半屬長期研究南亞區域問題、或專門研究印度政治與外交政策的學者。近年來大陸出版的主要學術論文包括：衛靈，〈印度安全戰略及中印安全關係〉，《中國人民大學學報》，第4期，2005年，頁93-99。；藍建學，〈冷戰後的中印關係：正常化與戰略和諧〉，《南亞研究》，第2期，2005年，頁8-14。；羅雄飛、趙劍，〈印度對華政策的調整與中印關係的未來走向〉，《南亞研究》，第2期，2003年，頁21-25。；孫士海，〈對中印建立互信關係的幾點思考〉，《南亞研究》，第2期，2003年，頁3-7。；楊成，〈體系、利益與信任：中印戰略關係思考〉，《國際論壇》，第5卷5期，2003年，頁42-46。；趙干城，〈穩定關係中印關係與創造戰略機遇當議〉，《南亞研究》第2期，2003年，頁15-20。；陳宗海，〈冷戰後中印關係的特點與態勢〉，《華中師範大學學報》，第46卷2期，2007年，頁49-54。英文方面，近年來關於中印關係的研究（並觸及領土問題）的專書有John W. Garver, *Protracted Contest: Sino-Indian Rivalry in the Twentieth Century* (Seattle: University of Washington Press, 2001); Waheguru Pal Singh Sidhu and Jing-dong Yuan, *China and India: Cooperation or Conflict* (Boulder: Lynne Rienner, 2003); Alka Acharya, *China and India, Politics of Incremental Engagement* (Delhi: Har-Anand, 2008); Li Li, *Security Perceptions and China-india Relation* (New Delhi: KW Pub, 2009)。針對領土問題比較詳細的分析有：A. G. Noorani, "Maps and Borders," *Frontline*, October 24, 2008, p. 80-88; A. G. Noorani, "Truth and Tawang," *Frontline*, December 19, 2008, p. 83-87.; A. G. Noorani, "Strategic Differences," *Frontline*, January 2, 2009, p. 84-88. Claude Arpi, "Tawang not China's," <http://www.claudearpi.net/maintenance/uploaded_pics/TawangnotChina.pdf>

軍事與外交專家小組（Military and Diplomatic Experts Group, EG），定期
會晤，為邊界問題聯合工作小組提供建議。在此期間，印度總理拉奧於
1993年訪問北京並與中國簽訂「關於在中印邊界實際控制線地區保持和平
與安全之協定」；1996年中國國家主席江澤民訪問印度，與印方簽署「關
於在中印邊境實際控制線地區軍事領域建立信任措施的協定」，雙方承諾
「不用軍事力量反對另外一方」，並同意削減和限制各自的軍事力量。[36]
（如表5.1）

**表5.1　中印邊界問題聯合工作小組（JWG）與特別代表會談（SRM）時
程表**

名稱	時間	地點	主要結果
JWG第一回合	1989年7月	北京	在印度總理拉吉夫甘地訪問中國後所舉行之首次談判
JWG第二回合	1990年8-9月	德里	雙方確立以定期會面方式進行談判之原則
JWG第三回合	1991年5月	北京	由於印度政府面臨改選，本次會談無具體成果
JWG第四回合	1992年2月	德里	雙方資深軍事領袖首次列席參與談判
JWG第五回合	1992年10月	北京	雙方同意未來增加會談之頻率
JWG第六回合	1993年6月	德里	聯合工作小組同意雙方政府減少在邊界駐軍數量，並在邊界增設雙方軍事人員之會面點
JWG第七回合	1994年7月	北京	無具體成果
JWG第八回合	1995年8月	德里	雙方同意在Wangdong地區裁撤四個軍事據點，是首次解除武裝之實際行動
JWG第九回合	1996年10月	北京	雙方同意擴大軍事互信機制，並在Lipulekh與Dichu兩地增設邊界指揮官會面點
JWG第十回合	1997年8月	德里	正式執行1993年與1996年由兩國領導人簽署之協定
JWG第十一回合	1999年4月	北京	因印度核武試爆而延遲至1999年4月舉行；雙方同意繼續未來會談

---

[36] 張敏秋，《中印關係研究（1947-2003）》（2004年），頁111-112。

表5.1　中印邊界問題聯合工作小組（JWG）與特別代表會談（SRM）時程表（續）

名稱	時間	地點	主要結果
JWG第十二回合	2000年4月	北京	雙方同意採取前瞻性立場（forward-looking approach）處理邊界問題
JWG第十三回合	2001年7月	北京	坦率交換意見但無具體成果
JWG第十四回合	2002年11月	德里	雙方預定交換西側實際控制線之地圖，並安排印度總理瓦杰帕伊訪問中國之日程
JWG第十五回合	2005年3月	北京	確認中國總理溫家寶訪印所簽訂之協議
SRM第一回合	2003年10月	德里	中方代表為副外長戴秉國，印方代表為國家安全顧問Brajesh Mishra，為此層級首次會談
SRM第二回合	2004年1月	北京	在北京釣魚台國賓館舉行，無具體成果
SRM第三回合	2004年7月	德里	印度政黨輪替後首次會談，印方談判代表改為新任國安顧問J. N. Dixit
SRM第四回合	2004年11月	北京	雙方同意談判進入合作性（cooperative）階段
SRM第五回合	2005年4月	德里	因J.N. Dixit過世，印度談判代表改為新任國安顧問M. K. Narayanan
SRM第六回合	2005年9月	北京	雙方宣稱談判已經進入第二階段：開始建構解決邊界問題的框架
SRM第七回合	2006年3月	德里／Kumarakom	首次將部分會談移至Kerala邦之Kumarakom舉行
SRM第八回合	2006年3月	北京／西安	雙方國防部簽署理解備忘錄；安排胡錦濤訪印事宜
SRM第九回合	2007年1月	德里	媒體報導中方提出收回達旺之要求，印度則提議以軟邊界（soft border）概念（先促進雙方貿易、越界朝聖與人民往來作為解決邊界問題的第一步），但中方並未同意
SRM第十回合	2007年4月	北京	中方向印方表示印度對東段領土的態度應該有所調整，並暗示中俄解決邊界問題的模式不適用於中印
SRM第十一回合	2007年9月	德里	媒體報導會談集中在達旺問題；無具體成果
SRM第十二回合	2008年9月	北京	印方質疑中國部隊在錫金地區的活動；無具體成果

本表由中興大學國際政治所碩士班Yaroslav Kit同學協助整理而成

　　迄今為止，中印邊界會談的效果相當有限，但雙方至少願意在現有的基礎上保持邊界會談的形式。其中最大的成就是在1995年的聯合工作小組第八回合談判，雙方同意在Wangdong地區裁撤四個軍事據點。2005年4月，中國總理溫家寶訪問新德里時，曾刻意致贈給印度一幅中國官方的地圖，圖中將錫金標示為印度領土，藉此表達北京已正式將這個位於喜馬拉雅山區的小邦視為印度的一部分。[37] 溫的動作或許是為了回報印度總理瓦杰帕伊（Atal Behari Vajpayee）在2003年前訪問北京時承認西藏是中國領土的表態。這也是迄今為止中印兩國在領土與主權問題上最為友好的表示。2003年瓦杰帕伊訪問中國期間，兩國政府也同意另外設立邊界問題特別代表會談（Special Representative Meeting），並指定中國副外長與印度國家安全顧問（National Security Advisor）為雙方的首席談判代表。迄2008年9月為止雙方共進行了十二回合的會談。2005年後，聯合工作小組會談的功能由特別代表會談取代，但繼續保留軍事與外交專家小組會談。根據印度媒體報導的內容，可發現在2007年後中國政府對阿魯那恰爾地區的主權要求態度似乎有些轉變。印度媒體指稱中國有可能最終承認麥克馬洪線為中印國界，但希望至少收回面積約兩千平方公里的達旺地區。因此在最新幾輪的談判中，達旺已經成為雙方談判的焦點（見表5.1與圖5.3）。[38]

　　除了達旺地區歸屬問題外，兩國之間仍不時存在爭議。以下是近年來出現在媒體報端的爭端：

1. 2006年11月胡錦濤訪印前夕，中國駐印大使孫玉璽接受印度電視台專訪時，表示阿魯納恰爾邦一直是中國的領土。孫的談話引發印度

---

[37]　〈印中建立戰略夥伴關係〉，《自由時報電子報》，<www.libertytimes.com.tw/2005/new/apr/12/today-int1.htm>

[38]　"Dispute over Tawang blocking India-China border disputes: Narayana," *DD India News*, <http://www.ddinews.gov.in/Homepage/Homepage+-+Other+Stories/rwerwe.htm>

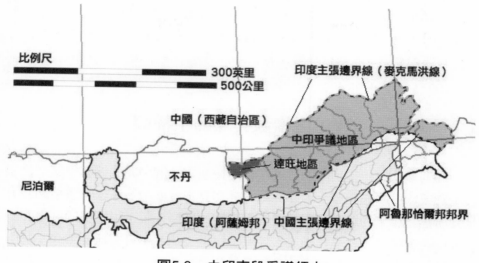

圖5.3　中印東段爭議領土

朝野不悅。[39]

2. 2007年5月初，印度政府原本選派107名模範公務員赴大陸參訪，但由於中國政府拒絕發給其中一名來自阿魯納恰爾邦的公務員入境簽證，理由是該員為中國居民。此舉惹怒印度政府，最後甚至宣布取消參訪計畫。[40]

3. 印度政府宣稱中國軍隊自2008年年初以來，侵入錫金北部與西藏的交界之間一塊面積2.1平方公里的狹長地區「手指地帶」（Finger Point）已達40次之多。中國政府則宣稱該「手指地帶」其實為中國領土。[41]

---

[39] 〈胡錦濤訪印前夕中國重申領土要求〉，《美國之音》（Voice of America），<http://www.voafanti.com/gate/big5/www.voanews.com/chinese/archive/2006-11/w2006-11-14-voa33.cfm>

[40] 〈中國拒向阿魯納恰爾官員發簽證，印度自取其辱〉，《搜狐新聞網》，<http://news.sohu.com/20070528/n250255237.shtml>。也有媒體報導，印度辛哈政府執政四年來，已有六個官方代表團因為有來自阿魯納恰爾邦的代表遭到中國斥退。

[41] B. S. Raghaven, "What did Pranab Mukherjee's visit really achieve?" *Hindu Business Line*, June 11, 2008, <http://www.thehindubusinessline.com/2008/06/11/stories/2008061150130800.htm>

4. 印度外交部長慕克吉（Pranab Mukherjee）在2008年6月初訪問中國時，應邀至北京大學發表演講，他指稱印度東北地區發現「中國製造的武器」，暗示中國支持該地區的反政府分離主義運動。[42]

歷史主權觀與條約主權觀

　　如何以上節所提出的領土與主權的概念來理解中印的邊界爭議？我認為中國與印度兩國對領土的態度源於其在歷史發展中逐漸學習並接納西方世界所建立起來的以主權為基礎的領土觀。嚴格來說，中國與印度之間的主要兩塊爭議領土在現代領土主權概念出現之前並不具有特別意義：其中阿魯納恰爾邦的部份地區在20世紀之前的確為西藏的領地，而阿克賽欽則為西藏與喀什米爾交界處的高海拔無人地帶。當時在中國與西藏的統治者都沒有真正接受西方社會所創造出的領土與主權概念，因此他們對這些區域的實質性管理是不是真的能轉換為今日的主權不無疑問。中國在進入現代西方世界體系之前，一直是以「邊疆」的概念處理與周遭國家的關係。中國如何治理邊疆很值得進一步探究。清帝國前期文治武功鼎盛，其所轄領域擴張到中國歷史上前所未有的地步。為了有效統治這些地域，清政府逐漸發展出一套複雜但有彈性的治理邊疆政策。強世功認為這套政制的核心在於在捍衛中央集權制度下，採取因地制宜的個別統治政策。例如以八旗制度統治滿洲，以蒙旗制度統轄蒙古族，以行省制度治理漢人，以冊封制度駕馭西藏，在雲貴地區則以土司制度制度管理苗夷部落等等。對於越南朝鮮等藩屬國則以宗主制度對待之。為了讓這套制度能成功運作，清政府在邊疆各地設置各種類型的中央機構，例如盛京將軍、庫倫辦事大臣、

---

[42] 〈印度國內噪音貫穿外長中國行〉，《國際先驅導報》，2006年6月10日，中國新聞網，<http://big5.chinanews.com.cn:89/gj/gjxqdb/news/2008/06-10/1276872.shtml>

駐藏大臣等。[43] 嚴格來說，羈縻並非固定的制度，而是一種因地因時制宜的概念，可說是中央政府與少數民族領袖之間政治博弈的結果。[44]

清政府對西藏的統治是一種沿襲自元朝，卻在清朝發展完備的宗教羈縻制度，也就是一方面清統治者接受藏傳佛教為國教，藉以換取西藏統治者對北京的效忠，另一方面以世俗統治者的姿態對西藏宗教領袖（達賴與班禪）進行冊封，進而取得對西藏地方的統治權。強世功認為「正是依靠宗教羈縻這種富有想像力的政治構想，大清帝國輕而易舉地解決了蒙藏問題，奠定了對蒙藏地區行使主權的堅實基礎」。而過去西藏統治者對領土的概念也與今日不同：西藏的領域應該包含所有藏人居住的地方。清朝時期的西藏政府彰顯主權的主要方式是對藏民居住地區的喇嘛寺派遣主持。這種方式與中世紀羅馬教皇認命歐洲各地主教的方式頗為類似。中方史料顯示：當時西藏政府任命住持的範圍便包括今日的中印爭議領土，特別是麥克馬洪線以南的達旺地區。

清末至民國初年中國國勢衰微，對於西藏問題產生兩個直接結果：一是中國對西藏的統治能力下降；二是英國企圖迫使中國接受劃分主權疆界的概念。當時英國的策略是利用西姆拉會議達成讓西藏自治（按照中國的說法是成為英國勢力範圍）與劃定英國統治區域（阿薩姆）與西藏之間的疆界等兩大目的。西姆拉會議的結束後，中國政府拒絕接受英國代表麥克馬洪所主張的西藏與英屬印度邊界，但西藏政府卻以祕密換文的方式與英國確立這條界線。由於換約為祕密性質，中國北洋政府對西藏承認英國對藏南地區主權一事也就無從得知。當然中國最後還是知道西姆拉條約的內容，並宣稱西姆拉條約無效，也不承認麥克馬洪線為西藏與印度之邊界。只是當時中國國勢屢弱，並沒有能力對英國所劃定的界線有任何作為，甚至也沒有能力管理西藏。直到1950年中國重新建立對西藏地區的統治權，

---

[43] 強世功，〈一國兩制的歷史源流：香江邊上的思考之七〉，《讀書》（北京：2008年6月），頁7。

[44] 劉強，〈羈縻制與民族區域自治制度比較研究〉，《思想戰線》，（北京：2008年2期），頁199-120。

中國政府才有機會質疑過去英國對邊界的安排。[45] 印度的態度與中國不同：獨立後的印度不僅繼承了大英帝國所訂下的疆界，也繼承了英國對領土的處理方式。西發里亞體系的特點是以條約方式來劃定邊界，邊界劃定完全根據國家之間的談判，兩國政府可以參考山脈河流等自然地形來劃定邊界，卻沒有必要參考歷史。現代主權國家不能單純以歷史上曾經統治過某塊地域作為主張該地為其領土的主要依據。西姆拉條約的劃界方式再怎樣不合理，都是英國與西藏政府共同承認的結果，沒有理由不加以尊重。印度與中國的領土紛爭，其實背後顯示的是兩種世界觀的競爭：中國的歷史主權觀與印度的條約主權觀。

從這個觀點出發來看中印問題，可發現中印邊界主權爭議的起因是英國與西藏之間對如何劃分邊界線的爭議，但中國與印度分別作為西藏政府與英印殖民政府的繼承者，也理所當然的將該地區的管轄視為國家主權的象徵。現代中國與印度政府雖然都以反殖民主義者自居，卻不約而同地接受了西方社會所創造出來的主權與領土概念，並將收復失土與民族主義結合為政治的主要驅動力。中國政府可宣稱人民解放軍1951年進入西藏的目的是對抗西方帝國主義，但占領西藏統治的事實也讓其背上侵略者的罪名。印度在獨立後嘗試將位於阿薩姆邦最東邊，與緬甸接壤的那加部落（Naga tribe）納入管轄範圍時，那加人不僅自行設立政府與印度對抗，甚至還到聯合國指控印度的「侵略行為」。1962年中印邊界戰爭是領土思維的產物。戰後雙方都了解收復「失土」的代價實在太大，因此在策略上做出一種不同於傳統國際關係原則的調整：同意以談判方式來解決邊界爭議。在軍事衝突到談判的過程中，我們也看到了兩國領導人在安全思維上

---

[45] 由於中國認定一直到印度獨立前，西藏政府仍然以任命住持的方式對部份麥克馬洪線以南的地區如達旺進行管理，因此部份中國學者與政府官員認為印度至少應該將達旺交還中國，否則中國政府無法對西藏人民交代。劉朝華紀錄整理，〈中印邊界問題座談會紀實（上）〉，《南亞研究》，第1期，2007年，頁47-48；劉朝華紀錄整理，〈中印邊界問題座談會紀實（下）〉，《南亞研究》，第2期，2007年，頁33-40；印度之觀點見：Claude Arpi, "Tawang not China's," <http://www.claudearpi.net/maintenance/uploaded_pics/TawangnotChina.pdf>

的轉變：原本中印之間維持安全狀態的方式是對領土的直接控制（控制領土→彰顯主權→安全），但在認知到完全收復領土的絕對目標難以達成後，對安全的理解逐漸轉為保持實際控制線的穩定。雙方同意保持邊界穩定等於是傳統現實主義中的權力平衡概念，但在中印關係中的表述方式卻是用談判來維持宣示領土與現狀控制領土之間一種動態平衡。

結論：區域安全的保守本質

在這一章中，筆者嘗試論述在國際的層次上，國家與國家之間如何維持安全的狀態。和傳統現實主義者不同的是，我認為主權的概念為國家之間保持穩定關係提供了基本的規則，而國家對領土的控制則是維持規則運作的關鍵。由於國際社會普遍將「現狀」與「穩定」視為安全的狀態，因此任何關於安全的政策與論述都具有保守的傾向。國際關係所說的國際安全與區域安全其實就是各國認可此一規則，並承諾不去打破領土的現狀，任何嘗試打破此一界線的國家（例如伊拉克入侵科威特）或是團體（例如尋求獨立建國的庫德族），都可能被國際社會視為安全狀態的破壞者。至於邊界劃分是否合理、對領土擁有實際控制權的政府是否為該地居民所認可，幾乎被完全忽略！國家疆界原本只是在歷史發展過程中，各強權之間勢力平衡的副產品，國際安全也只是各主權國家之間維持現狀的表面象徵。無論是被納入西方文明體系的古老文明或是主權體系本身所創造出來的新國家，都只能順著這個遊戲規則走下去。這樣的結論或許會給人「存在即是合理」的印象，但國際政治上本就存在許多戰爭解決不了的爭議，國家只能以務實的態度加以面對。這個定律不僅犧牲小國的利益，也同樣會制約大國（中國、印度）的行為。因此國際關係的本質不是強權之間的權力平衡，而是主權、領土與權力三者之間的平衡。任何企圖打破這三者之間平衡關係的企圖，如試圖以武力解決領土糾紛，或宣示對非控制下領土的主權，將會變成區域安全的問題。

中國目前的態度是只要能打破麥克馬洪線，就能在邊界問題上展現更

多彈性，一方面是因為此線乃帝國主義侵略中國的象徵，另一方面中國也知道歷史上西藏管理的藏南地區並非整個阿魯那恰爾邦，中國只是務實地想取回歷史上原屬西藏的達旺地區。[46] 不過印度學者對此事反應十分激烈，認為達旺自1950年代以來一直在印度管轄範圍內，印度國會中還有兩位該地區選出的議員，實在沒有割讓給中國的道理。此外達賴喇嘛在2008年6月公開表示整個阿魯那恰爾邦包括達旺都是印度的領土，此一發言已經讓中國政府感到難堪，因為其主張收回達旺的主要理由正是該地過去屬西藏管轄，如今連藏人精神領袖都否認達旺屬於西藏了，中國將更無法理直氣壯地主張收回達旺。[47] 無論中印邊界談判是否在短期內出現結果，我們都可以預測中印領土爭議終將發展成為一種區域強權間處理主權爭議問題的新模式：兩國逕自宣稱對爭議領土的主權，但實際上卻維持遵守實際控制線的共識，並以談判手段保持對該領土議題的參與權。主權與領土曾經是歷史上許多國際衝突的根源，但也為穩定的國家間秩序提供了一個信賴的基礎。

---

[46] 2008年12月在北京地區與大陸研究中印問題學者之訪談內容。

[47] "Tawang is part of India: Dalai Lama," *The Times of India*, June 4, 2008. <http://timesofindia.indiatimes.com/India/Tawang_is_part_of_India_Dalai_Lama_/articleshow/3097568.cms>

第六章　威脅建構與國際安全：全球反恐戰爭與美國外交

如果這些行為不算邪惡，那邪惡這個詞根本就不存在！

——美國總統小布希（George. W. Bush）[1]

前言

　　2001年9月11日清晨，美國發生舉世震驚的恐怖攻擊事件。四架載著乘客的民航客機由美國東岸起飛後，分別遭到恐怖份子劫持。不久後，其中兩架客機分別撞上紐約市著名地標世界貿易中心雙塔，引發強烈爆炸，雙塔在燃燒後分別倒塌；隨後第三架客機撞上美國國防部五角大廈南端，第四架客機在遭到劫持後墜毀在匹茲堡東部平原，機上乘客也全部罹難。策劃此一攻擊事件的基地組織（Al Qaeda）刻意挑選美國的金融中心（紐約雙子星大廈）、軍事指揮中心（國防部五角大廈）與政治權力中心（白宮）作為攻擊目標，雖然並未全部成功摧毀這四個目標，卻已造成三千餘人死亡。九一一事件可說是人類歷史上最驚心動魄的一次恐怖攻擊。

　　九一一恐怖攻擊事件對美國社會所造成的心裡衝擊，特別是公眾憤怒與恐懼的情緒進一步強化布希政府以反恐戰爭作為美國外交政策目標的決心。事件發生後一個月，美國政府出兵阿富汗，推翻庇護基地組織的神學士（Taliban）政權。但圍剿基地組織的行動並未奏效，賓拉登至今仍下落不明。此後美國的決策者認為只有在中東地區植入民主，以自由主義價值觀來改造整個伊斯蘭世界，才能徹底根除伊斯蘭極端主義和恐怖主義威

---

[1] White House,〈美國總統國情咨文〉，"President Delivers State of the Union 2003"，2003 <http://www.whitehouse.gov/news/releases/2003/01/20030128-19.html>

脅。因此從2002年初開始，美國總統布希分別在三個不同場合提出三個對抗恐怖主義的宣示。首先，在2002年1月份，布希總統在年度國情咨文中首次以「邪惡軸心」（Axis of Evil）一詞形容伊拉克、伊朗和北韓，正式將這三個國家貼上支持恐怖主義的標籤。其次，在當年6月，布希總統受邀在西點軍校的畢業典禮上致詞，明確提出美國應以「先發制人」（Preemptive Strike）戰略取代過去的「嚇阻」（deterrence）戰略。[2] 這是布希首次公開提到先發制人的概念。最後，2002年9月，布希政府正式對外發表「美國國家安全戰略」（United States National Security Strategy）報告，把美國對外戰略定義為一場「全球的、反擊恐怖份子的戰爭」（the United States is fighting a war against terrorists of global reach）。該報告主張美國有權對敵人發動「先發制人的打擊」。[3] 2003年3月，美國以伊拉克發展大規模毀滅性武器為名出兵伊拉克，推翻海珊政權。雖然美國宣稱在伊拉克的軍事行動取得成功，但這一場充滿爭議的戰爭是否代表全球反恐戰爭的勝利？各界對此有不同解讀。[4]

　　整件事情最為弔詭的有幾個地方：為何布希政府輕忽恐怖攻擊預警的疏失被社會大眾輕易遺忘？為何美國要攻打一個與九一一事件沒有關係的政權？為何國家安全問題並沒有像第一次波斯灣戰爭一樣，隨著時間逐漸淡出美國的輿論界，反而讓布希政府找到讓戰爭心理繼續發酵的方法？為了解答這些疑問，在這一章中，我將以美國在九一一事件後所推行的全球反恐戰略為例，說明何以只有像美國這樣的強權才有能力創造出對威脅來

---

[2] Paul Viotti, *American Foreign Policy and National Security: A Documentary Record.* (Upper Saddle River, NJ: Pearson Prentice Hall, 2005), p. 245.

[3] Paul Viotti, *American Foreign Policy and National Security: A Documentary Record* (Upper Saddle River, NJ: Pearson Prentice Hall, 2005), p. 247.

[4] 關於布什政府對伊拉克軍事行動效果之評估，可見美國國家安全會議在2005年11月公佈之伊拉克勝利之國家戰略報告（National Strategy for Victory in Iraq），該報告之內容可在華盛頓郵報（Washington Post）網站下載：＝＜http://www.washingtonpost.com/wp-srv/nation/documents/Iraqnationalstrategy11-30-05.pdf＞。另根據2009年1月為止的統計，美軍在伊拉克戰場死亡人數已達4237人。

源的論述，但這個反恐文化最終並沒有達到預期效果。我的主要觀點是：恐怖主義活動是人類社會長久以來的現象，但一直未被認定是國際社會的主要威脅來源。九一一事件後，受創的美國嘗試改變這種認知，開始將基地組織描繪成全世界人民的公敵，並運用其影響力傳播全球反恐戰爭的理念。這個策略讓美國一開始在與基地組織之間的鬥爭中占了上風，但是對於與基地組織沒有利益衝突的大部分國家而言，激進伊斯蘭教組織的威脅並不存在，這也使得美國在出兵伊拉克後，面臨反恐戰爭難以為繼的困境。

威脅的來源

在第二章中，我提到許多研究國際安全的學者對安全概念的理解上是建立在「免於威脅」（absence of threat）的基本假設上，因此安全應被表述為「免於威脅」的狀態。但是如何定義威脅？威脅的來源與威脅的程度如何認定？在國際關係理論發展的過程中，多數學者並沒有對這些問題做出令人滿意的解答。當Stephen Walt在1987年嘗試修正Kenneth Waltz的結構現實主義理論時，他提出了威脅平衡的概念：

> 雖然權力是（國家選擇平衡或扈從）等式中的重要部分，卻不是唯一的部分。更正確的說，國家會傾向與對其構成最大威脅的其他國家結盟，或是與其他國家結盟來對抗對其產生最大威脅的其他國家。[5]

依照Walt的說法，當一個國家選擇與對其構成最大威脅的國家結盟的行為就是扈從，而選擇與其他國家結盟來對抗最大威脅的行為即是平衡。因此國際政治中牽動國家與國家之間聯盟或對抗關係的不是權力，而是威

---

[5] Stephen Walt, *The Origin of Alliances* (Cornell University Press, 1987), p. 21.

脅。Walt認為這個見解對現實主義的權力平衡概念做出重大的修正，並且在實際研究中獲得支持。[6]

　　在國際關係理論中另一個類似的研究是Robert Jervis的「認知與錯誤認知」（perception and misperception）的研究。Jervis認為在外交決策的過程中，決策者所做的決定必定來自所接收的資訊，因此決策者對分析對象的認知正確與否將影響其判斷。在國際上許多衝突的根源其實來自認知的錯誤。舉例而言：在第一次與第二次世界大戰時，英國與法國都認定德國是他們最大的安全威脅。這樣的判斷也許對第二次大戰來說是正確的（希特勒的侵略野心確實存在），但是對第一次大戰來說或許是錯誤的（戰前德國並沒有真正要侵略英法的企圖）。但由於對德國的認知，使得英法在這兩次戰爭中所做出的反應完全相同。[7]

　　社會建構論的出現將如何認定威脅的來源提升到一個全新的階段。在第三章中，我曾經介紹建構主義最重要的論述是理念如何影響利益的建構。其中Wendt的理論側重在解釋國際政治的無政府狀態並不會導致國與國之間的敵對或競爭關係；決定兩國之間敵對與否的是國家之間（以及國家與國際體系間）身分的相互建構。至於Katzenstein等人的研究著重在「規範」與「身分」如何影響國家利益，並進一步影響國家的安全政策。簡單來說，Wendt與Katzenstein等人都著重在認同身分與利益之間的關係，並且是身分決定利益（identity determines interest）。但是身分要如何認定？

　　David Campbell的研究則是在認同身分的基礎上，進一步研究理念如何在歷史發展過程中形成對外交政策的制約。Campbell認為一個國家的認同身份不僅僅包含了其國民的特質（characteristics of individuals）或是國家的形態（national types），還應該涵蓋國內秩序的形態（form of domestic

---

[6]　Stephen Walt, "The Progressive Power of Realism," *American Political Science Review*, Vol. 91, No. 4, December 1997, pp. 933-934.

[7]　Robert Jervis, *Perception and Misperception in International Politics* (N. J.: Princeton University Press, 1976) in Paul Viotti and Mark Kauppi, *International Relations Theory: Realism, Pluralism, Globalism and Beyond* (MA:Ally and Bacon, 1999), pp. 266-268.

order）、生產的社會關係（social relations of production）等等。以美國來說，其身分認同最重要的特徵有三：人民的自由權、民主的政治體制及私有企業經濟制度。這些特徵在實現的過程中逐漸成為牢不可破的價值觀，因此任何對這些價值觀形成挑戰的制度或理念變有可能被認定為是對美國國家的威脅。[8] 蘇聯在冷戰期間被視為是美國國家安全威脅正是價值觀影響的結果：在第二次世界大戰期間，美國與蘇聯結盟以共同對抗軸心國。當時蘇聯是美國的軍事盟友，美國社會也沒有出現強烈的反蘇情緒。但在戰爭結束後，美國社會卻開始以另一種眼光檢視蘇聯。蘇聯體制下的共產經濟制度與美國人熟悉的私有經濟制度完全不同，美國人本能地認定蘇聯的存在是對美國傳統價值觀的一種威脅；蘇聯所秉持的政治經濟與社會制度具有顛覆美國固有制度的潛力。因此即使蘇聯在第二次世界大戰結束之後並不立刻具備挑戰美國地位的實力，美國在世界上某些地域擴大勢力範圍的作為甚至表比蘇聯還要積極，但是美國社會還是將蘇聯認定是美國的敵人，一個以防範蘇聯為目的的圍堵戰略逐漸形成。[9]

　　Campbell的論述方式使其研究具有後現代主義的特性，與Wendt、Katzenstein等傳統社會建構主義者並不相同，因此並不適合將他們的理論放在同樣的高度來檢視。但在部分學者眼中，他們的理論仍然具有很大的相似性，特別是對認同身分的觀點。McSweeney認為Wendt與Campbell的理論出現了三個問題：

1. 身分與利益之間並沒有絕對的因果關係，利益也可能影響身分的建構；
2. Wendt的理論認為國家具有單一的集體認同（collective identity）；此一認定假設該認同是國家與其他國家互動的結果，忽略了國內政治發展過程的影響；

---

[8] David Campbell, *Writing Security: United States Foreign Policy and the politics of Identity* (Minneapolis, University of Minnesota Press, 1992), p. 158-159.

[9] David Campbell, *Writing Security* (1992), p. 158-161.

3. 身分的改變必須透過觀察行爲改變才能得知，因此產生理念其實是由物質所決定的現象。[10]

　　McSweeney認為建構主義者的最大問題是過份強調身分因素，卻沒有認真的解決其所隱含的矛盾。他以愛爾蘭爲例，過去學者都以認同作爲分析北愛爾蘭問題的主要理論依據，而且當地的衝突也確實源於愛爾蘭天主教徒與英國國教派教徒之間的歷史宿怨。但是認同理論並無法解釋何以北愛爾蘭與愛爾蘭共和國之間並沒有朝向統一的方向發展，也不能讓人理解爲何南愛爾蘭的政治朝快速世俗化發展，並積極切斷過去民族主義與天主教之間的聯繫。[11]

　　爲了避免將身分解釋成一個國家只有一種集體認同，比較可行的方式是回到安全這個概念的原點，也就是解釋在何種情況下某些現象、組織，甚至意識形態會被認定是威脅。McSweeney認爲所有的威脅都可以被劃分爲自然與社會兩類。二者之間的差別在於自然威脅（natural threats）是無意識行爲的結果，例如隕石墜落、火山爆發或疾病蔓延等等；而社會威脅（social threats）則是有意識的行爲對其他行爲者所造成的可能傷害。另外還有一種情形介於自然與社會威脅之間，也就是無意識的行動並沒有直接造成對其他行爲者的威脅，但是其意圖與能力可能讓其他行爲者認定是安全威脅，並制訂出回應的政策。McSweeney稱之爲結構威脅（structural threats）。例如一個國家增加軍備的自主性行爲被鄰國認定是威脅，引發國際關係理論所說的「安全困境」。[12]

　　McSweeney主張安全政策的主要作爲不是消除產生威脅的來源，而是改變行爲者之間的關係，讓可能對行爲者產生威脅的外部結構轉化爲非敵對關係的本質。因此制定安全政策的目的，主要是在防範社會威脅與結構威脅，而不是自然威脅（人類與構成自然威脅的現象之間不存在敵對關

---

[10] Bill McSweeney, *Security, Identity and Interests* (1999), pp. 126-128.

[11] Bill McSweeney, *Security, Identity and Interests* (1999), p. 130.

[12] Bill McSweeney, *Security, Identity and Interests* (1999), pp. 80-89.

係）。預防地震、颱風等自然災害的作為便可被排除在國家安全政策的範圍之外。另一個相關但必須處理的問題是如何利用有限的資源來制訂合理的安全政策。舉例來說，美國作為一個超級強權，必須投注大量心力來防範大規模毀滅性武器的擴散，但對台灣來說，根本沒有必要將防止核子擴散作為國家安全政策的主要內容。另一個例子是：九一一恐怖攻擊事件發生後不久，美國發生數起炭疽熱（Anthrax）粉末襲擊事件。[13] 此一事件在極短的時間內造成大眾恐慌：許多國家宣佈對郵件發送和進口岸貨物加強檢測，並要求人們不得收寄白色粉末狀物品。美國政府要求民眾發現異常信件和包裹要立即報警。但各國不可能為了防範炭疽熱攻擊重演而長期投注大量人力物力檢查所有郵件。換言之，防範威脅的作為必須有個限度。

依照McSweeney的說法，對威脅的認定最後回到人的本身：生存的本能是人類尋求安全狀態的根本原因，而人類對威脅存在與否的判斷是基於這些威脅對人類基本需要的危害程度。[14] 問題是人類對威脅來源的認定並非固定不變，而是隨著國際情勢的變化而不斷修正。更重要的是，被確認的威脅必須經過傳播的過程才能夠在全世界的範圍內被接受。在此我們可以得出兩個結論：

第一、威脅必須被轉化成眾人認可的理念才能持續發揮作用；
第二、威脅必須由特定的人、組織或是國家傳播出去，才能成為全世界所關切的安全議題。

哥本哈根學派學者將這個過程稱之為「安全化」（securitization），但

---

[13] 2001年九一一事件發生之後一週，美國華盛頓、紐約等幾個地區的政治人物與媒體辦公室陸續收到了裝有炭疽菌粉末的郵件。此一事件共造成5人死亡，17人受到感染。美國聯邦調查局經過多年偵察，認定一位在馬里蘭州陸軍防疫研究中心工作的研究員Bruce Ivins涉有重嫌。Ivins卻在2008年7月自殺身亡。美國聯邦檢察官在2008年8月初正式宣佈Ivins為此一攻擊事件的主謀。相關新聞見："U.S. officials declare researcher is anthrax killer," CNN.com, <http://www.cnn.com/2008/CRIME/08/06/anthrax.case/index.html?eref=rss_topstories>

[14] Bill McSweeney, *Security, Identity and Interests* (1999), p. 99.

其關注焦點主要是原本不具安全意涵的議題在國內政治發展過程中被刻意貼上安全的標籤（例如非法移民對社會秩序的威脅）[15]。在此我的研究重點將放在某些國際政治的現象如何被部分國家操作為現實的安全威脅，並進而改變全世界對安全狀態的看法。在人類歷史上，只有很少數的強權國家具有此一能力，因為強權不僅必須具備定義威脅的實力，還必須擁有傳播其理念的能力──在後冷戰時期，似乎也只有美國符合此一標準。在國際社會的層次，我們看到的是強權內部的政治菁英創造出對安全與威脅的主流價值觀，並透過政治影響力及大眾傳播媒體等方式傳播至世界上其他地方。原本只是對強權地位構成威脅的力量，在強權刻意操作下，逐漸成為所有人類的共同敵人。在下一節中，我將以恐怖主義為例，說明這種現象如何在當代美國政府的操作下變成全世界所認定的威脅，而這樣的操作為何到頭來沒有獲得美國所期望的結果。

恐怖主義的歷史

　　以暴力手段威脅或傷害人的生命以達成政治目的一直是人類歷史上不斷重複的現象。西方歷史記載早在西元前一世紀，一個稱為Sicarri的猶太人祕密組織便開始以暗殺手段來反抗羅馬人的統治。其做法是由刺客以預藏的匕首在耶路撒冷市區暗殺羅馬人或是與羅馬統治當局合作的猶太人，藉以引發大眾恐慌。12世紀在伊斯蘭世界的波斯也出現了以十字軍為對象的暗殺集團。今日英文的暗殺一詞（assassination）即源自當時這個集團的名字Assassins。在中國，荊軻刺秦王發生的時間甚至比猶太人的暗殺集團更早，西漢司馬遷所著的《史記》中還有刺客列傳，可見在中國古代，利用暗殺來達成政治目的是一種相當普遍的現象。[16]

---

[15] 見第二章哥本哈根學派部分。

[16] 大陸學者李零對刺殺和劫持等現象作為中國歷史上主要的恐怖主義表現方式有非常詳細的描述，見李零，《中國歷史上的恐怖主義：刺殺與劫持（上）（下）》（北京：讀書，2004年11-12月），頁9-17；頁55-64。

　　不過近代恐怖主義概念的出現始於法國大革命。英文terrorism一詞來自法文regime de la terreur（reign of terror），指的是在1793-1794年間雅各賓黨徒（Jacobins）在法國的恐怖統治。當時雅各賓黨領袖羅伯斯比爾（Maximillien Robespierre）為保障共和政府的地位大肆處決異議份子，短短兩年間約有4萬人被送上斷頭台。後來英國政治學家柏克（Edmond Burke）出版一本關於法國大革命德著作中，使用恐怖主義（terrorism）一詞，此後恐怖主義逐漸成為歐洲社會的通用語。19世紀中義大利社會主義者Carlo Pisacane主張可以恐怖主義手段喚醒人民反抗暴政，認為恐怖攻擊乃作為實際行動之宣傳。[17]這樣的思想促成了1879年在俄羅斯一個名為「人民意志」（Narodnya Volya, People's Will）的反沙皇組織之出現，該組織並在1881年成功暗殺沙皇亞歷山大二世（Alexander II）。不過就如同古代的刺客一樣，當時這類組織主要目標是刺殺政府首腦，盡量避免傷及無辜。[18]綜觀整個19世紀，無論是無政府主義者、政治狂熱者、民族主義者，甚至種族主義者如美國的三K黨，都曾採取暗殺或公開處決的手段來達到震懾一般人的政治目的。但是一直到20世紀，恐怖主義才開始對國際政治產生實質的影響。研究恐怖主義的學者Audrey Kurth Cronin認為所有恐怖主義行為都具有以下四個特性：

1. 具有政治目的；
2. 採取該行動者為非國家團體；
3. 以隨機或無預警之方式對無辜平民使用或威脅使用暴力；
4. 恐怖主義團體不受國際法及國際規範約束，為了要讓攻擊達到最大的心理效果，其行為往往具有高度的不可預測性。[19]

---

[17] 張錫模，《全球反恐戰爭》（台北：東觀出版社，2006年），頁62；66。

[18] 關於恐怖主義早期的歷史可參閱以下網頁：*Terrorism Research*, <http://www.terrorism-research.com/>; Adam Roberts, "Changing Faces of Terrorism," BBC News, <http://www.bbc.co.uk/history/recent/sept_11/changing_faces_01.shtml>

[19] Audrey Kurth Cronin, "Behind the Curve: Globalization and International Terrorism," *International Security*, Vol. 27, No. 3, Winter 2002/2003, p. 33.

研究恐怖主義學者有的是依其訴求內容與方式，區分為民族主義型、宗教極端主義型、極左意識形態型、極右意識形態型及科技意識形態型等五種。[20] 但其實隨著國際政治環境的改變，主流的恐怖組織也有所不同。David Rapoport認為如果從俄羅斯「人民意志」組織活躍的1880年代算起，恐怖主義在人類歷史上總共經過四波的發展，每一波所「流行」的攻擊方式也不盡相同。[21]（見表6.1）第一波大約是從1880年代到第一次世界大戰結束為止，在此一時期恐怖主義團體的主要對象是帝國：從俄羅斯的反抗沙皇統治組織到巴爾幹半島的民主主義團體都不約而同的採取暗殺手段來凸顯其政治訴求。甫問世的火藥是這類攻擊最常採用的武器，並且與一般犯罪不同的是，負責投擲炸彈的恐怖份子往往也在行動中喪命。何秉松在一篇敘述恐怖主義歷史的文章中也說：「以『炸彈年代』著名的1890年代，國家元首以近乎每年一人的速度遭到暗殺，例如1894年的法國總統卡諾，1897年的澳大利亞王后，1900年義大利國王。此外，在歐洲還發生多起政府官員遭暗殺的恐怖事件」。[22] 引發第一次世界大戰的奧匈帝國王儲被刺事件正是這一波恐怖主義行動的高峰。

第二波恐怖主義的時間大致是1920年代到1960年代，其特徵是反抗殖民統治者試圖以破壞、暗殺等手段癱瘓殖民政府的統治機構。著名的團體包括愛爾蘭共和軍（Irish Republican Army）、猶太復國組織Irgun等。與前一個時期不同的是，攻擊的對象不再是高層領導人，而是扮演殖民政府「耳目」角色的警察。為了防止政府滲透，這類恐怖組織往往能夠發展出嚴密的地下組織網絡，能夠以有限的資源對統治機構發動突襲攻擊。[23]

---

[20] 巨克毅，〈國際恐怖主義蓋達（Al Qaeda）組織的意識形態與策略分析〉，《全球政治評論》第六期，2004年4月，頁3-4。

[21] David Rapoport, "The Fourth Wave: September 11 in the History of Terrorism," *Current History*, vol.100, no. 650, December 2001, p. 420.

[22] 何秉松，〈現代恐怖主義演進之研究〉，《國政研究報告》，憲政研091-033號，《國政基金會網站》，<http://old.npf.org.tw/PUBLICATION/CL/091/CL-R-091-033.htm>

[23] David Rapoport, "The Fourth Wave: September 11 in the History of Terrorism," *Current History*, (2001), p. 420.

　　第三波恐怖主義出現的時間大約是1960年代越戰最高峰的階段。主要的恐怖主義團體是以宣揚左派革命理想為目的的政治組織，主要的目標是美國霸權及其背後的西方資本主義體系，例如歐洲與日本的赤軍旅（Red Brigades）。這類恐怖主義團體似乎有些19世紀革命理想的特質，但在許多案例上與爭取獨立運動者相結合，　例如巴勒斯坦解放組織（Palestine Liberation Organization, PLO），西班牙的巴斯克獨立解放組織（Euskadi ta Askatasuna, ETA）（二者在冷戰時期都受到蘇聯的支持）。劫持人質是第三波恐怖主義最常出現的攻擊方式，特別是劫機——這種方式讓整個恐怖主義行動呈現出非常戲劇化且真實的效果。在1970年代的高峰期，全球至少有一百起以上的劫機。[24]

　　由基地組織所發動的九一一恐怖攻擊在整個恐怖主義發展史上屬於第四波。這一波恐怖主義活動最重要的特徵是對宗教的狂熱取代原本追求國家獨立或反抗資本主義的左派思想，成為當前恐怖主義的主要動力。這個趨勢與具有宗教性質的恐怖組織在過去二十年間大量出現有很大的關係。Audrey Kurth Cronin分析蘭德公司（RAND Corp.）的統計資料後發現，在1968年時沒有任何恐怖組織具有宗教性質；到1980年時，64個恐怖組織中也只有兩個有宗教性質；但是到1995年，58個恐怖組織中竟有25個被認定有宗教背景。Cronin認為美國與美國領導下的國際政治經濟體系是當代具有宗教狂熱傾向的恐怖組織數量急速上升的主要原因。[25]

表6.1　20世紀以來全球主要恐怖攻擊事件

日期	事件（地點）	策畫組織/國家	死傷	備註
1946/7/22	大衛王飯店爆炸事件（Bombing of King David Hotel）（以色列耶路撒冷）	猶太恐怖組織伊爾貢（Irgun）和史騰幫（Stern Gang）	死亡人數91人，受傷人數46人	死者包括英軍司令官與高級軍官

---

[24] David Rapoport, "The Fourth Wave: September 11 in the History of Terrorism," *Current History*, (2001), p. 421.

[25] Audrey Kurth Cronin, "Behind the Curve: Globalization and International Terrorism" *International Security*, (2002/2003), p. 42.

表6.1　20世紀以來全球主要恐怖攻擊事件（續）

日期	事件（地點）	策畫組織/國家	死傷	備註
1972/9/5	慕尼黑慘案（The Munich massacre）（德國慕尼黑）	巴勒斯坦解放組織（PLO）分支黑色九月（BSO）組織	死亡人數16人（包括以色列奧運代表團11人，恐怖份子5人）	西德營救行動完全失敗，促使西德成立反恐怖特種部隊GSG-9
1983/10/23	貝魯特美、法軍營連環爆炸事件（The Beirut barracks bombing）（黎巴嫩貝魯特）	回教聖戰組織（Islamic Jihad Organization）聲稱係其所為，但一般多認定為什葉派恐怖組織真主黨（Hezbollah），真主黨亦於1985年承認犯行	死亡人數307人，受傷人數七75人	1. 美軍與法軍司令部同時被炸 2. 真主黨聲稱伊朗與敘利亞參與其中
1985/6/23	印度航空182號班機事件（Air India Flight 182）（墜毀於愛爾蘭南方海中）	不明，嫌疑最大者為錫克教分離組織巴巴爾・哈爾薩（Babbar Khalsa）	死亡人數329人	是911事件之前死亡人數最高的單一炸彈攻擊事件
1988/12/21	泛美航空103號班機事件，洛克比空難（Pan Am Flight 103）（墜毀於蘇格蘭洛克比）	利比亞（利比亞否認）	死亡人數207人	聯合國對利比亞展開長達15年的經濟制裁，至2003年解除
1989/12/6	哥倫比亞保安部（Administrative of Security, DAS）大樓爆炸事件（The DAS Building bombing）（哥倫比亞波哥大）	美德林販毒集團（Medellin Cartel）	死亡人數52人，受傷人數超過1,000人	
1993/3/12	孟買連環爆炸事件（The Mumbai car bombings）（印度孟買）	穆罕默德聖戰組織（Jaish-e-Mohammed）和虔誠軍（Lashkar-e-Taiba）	死亡人數257，受傷人數713人	印度史上最大恐怖攻擊事件

表6.1　20世紀以來全球主要恐怖攻擊事件（續）

日期	事件（地點）	策畫組織/國家	死傷	備註
1995/3/20	東京地鐵沙林毒氣事件（Sarin gas attack on the Tokyo subway）（日本東京）	奧姆真理教（AUM Shinrikyo）	死亡人數12人，受傷人數超過5500人	至今仍存在，改名為阿雷夫教（Aleph）
1996/1/31	斯里蘭卡中央銀行爆炸事件（The Central Bank Bombing）（斯里蘭卡可倫坡）	泰米爾—伊拉姆猛虎解放組織（Liberation Tigers of Tamil Eelam）	死亡人數91人，受傷人數超過1400人	是泰米爾之虎在斯里蘭卡內戰中造成死傷最嚴重的事件
1998/8/7	美國三蘭港與奈洛比大使館連環爆炸事件（U.S. embassy bombings in Dar es Salaam and Nairobi）（坦尚尼亞三蘭港、肯亞奈洛比）	基地組織（Al-Qaeda）	1.三蘭港死亡人數12人，受傷人數85人 2.奈洛比死亡人數213人，受傷人數超過四千人	奧薩瑪・賓拉登（Osama bin Laden）被FBI列為十大通緝要犯
1999/9/4 到 1999/9/16	俄羅斯公寓連環爆炸事件（The Russian apartment bombings）（俄羅斯布伊納克斯克、莫斯科、伏爾加頓斯克）	車臣分離主義份子	死亡人數超過300人	1.導致第二次車臣戰爭 2.導致韃吉斯坦戰爭（The Dagestan War）
2000/10/12	美國軍艦柯勒號爆炸事件（The USS Cole bombing）（葉門亞丁港）	基地組織（Al-Qaeda）	死亡人數19人，受傷人數39人	
2001/9/11	九一一恐怖攻擊事件（September 11 terrorist attacks）（美國）	基地組織（Al-Qaeda）	死亡人數超過3000人	促使美國展開反恐戰爭
2002/10/12	巴里島連環爆炸事件（The Bali bombings）（印尼峇里島）	伊斯蘭祈禱團（Jemaah Islamiyah）	死亡人數202人，受傷人數209人	

表6.1　20世紀以來全球主要恐怖攻擊事件（續）

日期	事件（地點）	策畫組織/國家	死傷	備註
2002/10/23 到 2002/10/26	莫斯科劇院人質危機（The Moscow theater hostage crisis）（俄羅斯莫斯科）	車臣分離主義份子	死亡人數，官方數據129人，外界估計170人；受傷人數傷超過700人	1.俄羅斯特種部隊於攻堅行動中使用化學藥劑 2.俄羅斯特種部隊攻堅造成大量人質死亡
2002/12/30	車臣政府大樓爆炸事件（The truck bombing of the Chechen parliament in Grozny）（車臣格羅茲尼）	車臣分離主義份子	死亡83人	車臣內閣成員死傷嚴重
2004/2/27	菲律賓超級郵輪14號爆炸事件（The SuperFerry 14 bombing）（菲律賓馬尼拉）	由Abu Sabaya, Khadaffy Janjalani, Abdurajik Abubakar Janjalani領導的阿布·薩耶夫集團（Abu Sayyaf Group, ASG）的反政府游擊隊	死亡人數168人	1.是菲律賓史上最嚴重的恐怖攻擊 2.世界上最嚴重之海上恐怖攻擊
2004/3/11	馬德里311火車連環爆炸事件（Madrid train bombings）（西班牙馬德里）	基地組織（Al-Qaeda）或伊斯蘭基本教義派組織摩洛哥伊斯蘭戰鬥團（Moroccan Islamic Combatant Group）	死亡人數191人，受傷人數2050人	1.原認為是巴斯克分離組織（ETA）所為，但該組織否認 2.基地組織於2007年承認發動攻擊
2005/7/7	倫敦連環爆炸事件（The London bombings）（英國倫敦）	據信為基地組織（Al-Qaedo）歐洲分部	死亡人數56人，受傷人數超過700人	一名巴西公民在盤查時遭英國警方誤殺
2006/7/11	孟買火車連環爆炸事件（The Mumbai train bombings）（印度孟買）	虔誠軍（Lashkar-e-Taiba）和印度伊斯蘭學生運動（Students Islamic Movement of India），基地組織（Al-Qaeda）亦被認為牽涉在內	死亡人數209人，受傷人數超過700人	印度政府指控巴基斯坦情報部門亦有嫌疑，但巴國否認

表6.1　20世紀以來全球主要恐怖攻擊事件（續）

日期	事件（地點）	策畫組織/國家	死傷	備註
2008/11/27	孟買連環恐怖攻擊事件	虔誠軍（Lashkar-e-Taiba）	死亡人數174人，受傷人數324人	印度政府指控該事件為巴基斯坦恐怖組織虔誠軍所發動，巴國於2009年初承認

本表由中興大學國政所碩士班周學瑾同學協助整理

　　Cronin的觀察引發兩個問題：第一、為什麼具有宗教背景的恐怖組織數量在近幾十年來急速增加？第二、為何美國以及美國所領導的國際政治經濟秩序會成為當代恐怖主義團體攻擊的目標？

　　關於第一個問題，杭廷頓（Samuel Huntington）的「文明衝突論」提供了一個簡單且具有吸引力的解釋：冷戰結束後，文明之間的衝突取代意識形態的衝突，成為驅動國際政治發展的主要動力。[26] 但這並不能解釋何以最主要的衝突會發生在基督教文明與伊斯蘭教文明之間，而且阿拉伯世界對美國的敵意有很大的一部分源自美國支持以色列的態度，而非美國文明與伊斯蘭教文明之間的矛盾。Rapoport認為有兩個歷史事件是第四波恐怖主義發展的關鍵：1979年的伊朗革命以及1989年蘇聯在阿富汗的失敗。[27] 這兩個事件都顯示了由宗教啟發的政治運動具有改變世局的巨大潛力：伊朗的什葉派伊斯蘭教徒成功地推翻親美的巴勒維（Shah Palavi）政權；而蘇聯大軍入侵阿富汗十年後，最終也敗在伊斯蘭教聖戰士的手下。自從1980年代以來，類似以宗教狂熱所引發的激進行動也在世界其他地方出現：1984年印度錫克教徒（Sikhs）在旁遮普邦的聖地大金寺發動以建國為目的的武裝反抗；1991年以色列猶太恐怖組織計畫炸毀在耶路撒冷的伊斯蘭教最重要聖地聖殿山清真寺；1994年日本的奧姆真理教在東京地鐵

---

[26] Samuel Huntington, "The Clash of Civilizations?" *Foreign Affairs*, Vol. 72, No. 3, Summer 1993, pp. 22-49.

[27] 蘇聯於1989年初將駐守於阿富汗的軍隊完全撤出。

發動毒氣攻擊，造成12人死亡、3000人受傷。[28]

　　另一個必須要解釋的問題是為何美國會成為「基地」組織的主要攻擊目標。美國支持以色列或許是一個很重要的原因，但是因巴勒斯坦問題而出現的激進組織如哈瑪斯（HAMAS, 意為伊斯蘭抵抗運動）、真主黨（Hezbollah, Party of God）近年來都沒有將美國視為主要敵人，他們的目標是打擊並摧毀以色列。因此我們有必要將基地組織與其他為達成巴勒斯坦建國目標而存在的激進政治組織做出區隔。由賓拉登所領導的基地組織在思想上最重要的一個特徵，是承襲了13世紀居住在大馬士革的伊斯蘭神學家Taqi al Din Ibn Taymiyya的思想。Ibn Taymiyya出身於伊斯蘭法學世家，成年後在大馬士革擔任伊斯蘭法講座，其主張不見容於當時在中東地區的統治者，因而被下獄致死。[29] 但他的神學思想有兩個部分對後世的伊斯蘭革命運動產生影響：一是將jihad的概念從精神上為實現主道的奮鬥提升為對抗異教徒的戰鬥，因此今日外界才會將jihad一詞翻譯為「聖戰」；[30] 另一是「內部聖戰」的概念──聖戰的對象不僅是異教徒，還包括伊斯蘭世界內行為違反伊斯蘭教義（sharia）的穆斯林統治者。[31]

　　Ibn Taymiyya的內部聖戰論，讓我們能夠把九一一事件與往後美國出兵阿富汗與伊拉克的行動做出完整的連結。國內已故學者張錫模在《全球反恐戰爭》一書中，對此一過程有非常詳盡的敘述。他認為賓拉登的聖戰觀承襲於其大學時代的教師Abdullah Yusuf Azzam，而後者正是1970至1980年代伊斯蘭世界中Ibn Taymiyya「內部聖戰」思想的主要推手。賓拉

---

[28] David Rapoport, "The Fourth Wave: September 11 in the History of Terrorism," *Current History*, Vol. 100, No. 650, December 2001, p. 422.

[29] 金宜久，《簡明伊斯蘭史》（台北：東大，2004年），頁172-173。

[30] Jihad的原意應該是為實現主道的奮鬥，也有捍衛伊斯蘭及其疆域之意，但在西方因為對伊斯蘭教根深蒂固的扭曲形象而被翻譯成聖戰。見：侯賽因‧那司爾，Seyyed Hossein Nasr著，王建平譯，《伊斯蘭》（台北：麥田出版社，2002年），頁188。

[31] Steven Simon, "The New Terrorism: Securing the Nation against a Messianic Foe," *The Brookings Review*, 21, No. 1, Winter, 2003, p. 19.；張錫模，《全球反恐戰爭》（台北：東觀出版社，2006年），頁52-53。

登認為當代伊斯蘭世界的最大問題是統治階級的腐敗與墮落：特別是1991
年波斯灣戰爭時，阿拉伯國家的統治者容許美國領導下的50萬「異教徒」
多國聯軍進駐沙烏地阿拉伯，並發動殺害穆斯林同胞的沙漠風暴行動。依
照內部聖戰論的思維，賓拉登認定這些阿拉伯國家的統治者的行為已經背
離伊斯蘭教義，因此惟有鼓吹穆斯林起義將其推翻，才有可能將伊斯蘭世
界導回正途。而背後支持這些腐敗政權的正是美國。由於穆斯林大眾普遍
存在畏懼美國超強的心理，要將其動員起來參與革命十分困難。賓拉登所
採取的策略是設法打擊美國在伊斯蘭世界的權力，改變穆斯林大眾對美國
權力的認知：

> 基地的聖戰士集團知道，要擊敗美國，刺激穆斯林大眾起來推翻
> 腐敗專制與背教的王室政權，需要長期計畫，這個計畫的主要功
> 能是：重擊美國，刺激美國做出劇烈反應，打亂美國與穆斯林世
> 界的既存關係，藉以鼓勵大眾革命，推翻伊斯蘭諸國專制政權
> ——尤其是沙烏地阿拉伯的紹德王室政權，建立當代哈里發國
> 家。[32、33]

　　基地組織執行九一一攻擊之後，美國如預期般做出激烈的回應：2001
年10月出兵阿富汗，掃蕩基地組織與神學士政權；2003年初指控伊拉克等
國為邪惡軸心；制訂先發制人作戰綱領。但是基地組織所期待的穆斯林大
眾革命並未出現——美國一方面成功地說服多數穆斯林國家的統治者與其
合作，共同圍剿基地組織的成員，另一方面開始規劃以更大規模的軍事行
動將勢力深植入伊斯蘭世界。2003年美國出兵伊拉克即是這一系列行動的
高峰。

---

[32] 張錫模，《全球反恐戰爭》（2006年），頁56-57。

[33] 哈里發（Caliph）原意為神的使徒的代理人或繼承人，後衍神為在塵世的統治者。
伊斯蘭教創始人穆罕默德過後的伊斯蘭世界，曾先後由四任哈里發統治，之後穆
斯林之間對擁護誰出任哈里發出現對立，便再無被視為正統的哈里發出現。見張錫
模，《聖戰與文明》（台北：玉山社，2003年），頁73-78

　　順著這條思路，我們可以進一步將美國與基地組織兩者從九一一事件以來的關係看成兩種理念的對抗：第一種來自賓拉登與基地組織同情者，他們認定伊斯蘭世界已面臨生死存亡關頭，其最大的威脅來自美國霸權以及與美國霸權合作的穆斯林統治者。第二種來自美國的決策者，以及其他親美國家，他們將賓拉登及其黨羽定位是危害美國國家利益（但被刻意包裝為破壞世界和平）的恐怖份子，必須盡一切力量加以鏟除。上節提到：威脅必須被轉化成眾人認可的理念，並且由特定的人、組織或是國家傳播出去，才能成為全世界所關切的安全議題。因此究竟是美國霸權抑或是恐怖主義構成世界的威脅，端看這兩種理念對抗的結果。在這個的過程中，美國明顯占了上風：美國政府在九一一事件之後，成功地創造出「全球反恐戰爭」（Global War on Terror，或是Global War on Terrorism）的概念，將原本只對美國構成威脅的恐怖主義組織塑造成全世界人民的公敵。至於這股理念如何形成與傳播，就必須進一步分析美國的外交決策。

反恐文化的塑造

　　第二節曾經簡要介紹David Campbell以認同的角度分析美國的冷戰政策，在此可以進一步說明。我認為Campbell的研究最具說服力的地方，是說明美國社會將挑戰其核心價值觀的制度與意識形態視為國家安全威脅的歷史發展過程。早在第一次世界大戰結束的時候，美國社會就已對布爾什維克主義者所建立的蘇聯表現出高度的不信任。在凡爾賽和會期間，美國與其歐洲盟友最在意的反而不是戰敗國德國未來可能的報復，而是來自新興共黨國家蘇聯的威脅。1920年代美國社會所出版的刊物甚至將共產主義比喻為霍亂及流行性感冒等疾病，認為美國必須採取非常手段來防止這種來自外國的疾病對美國社會的戕害。[34] 至於美國社會何以會對外來的制度

---

[34] David Campbell, *Writing Security: United States Foreign Policy and the politics of Identity* (Minneapolis, University of Minnesota Press,1992), p. 162-164.

或價值觀如此敵視，Campbell認為必須追溯到美國社會裡對「邊疆」（frontier）的迷思。邊疆是美國發展過程中所出現的一個特殊概念。美國立國之初，國土僅限於東北部十三州。在往後的一百多年間，美國持續向廣大西部邊疆擴張其國土，直到太平洋岸才告停止。在擴張國土的過程中，白人移民者不斷與被其視為野蠻的印地安原住民接觸、交戰，最後將其征服。這個過程構成了後世電影及小說中所謂美國西部的原型。對美國人而言，邊疆之所以對認同身分重要，是因為其點出了文明與野蠻、秩序與混亂之間的界線。美國社會為了將征服印地安人的諸多行為（包括屠殺）合理化，一直將這個過程塑造成是以文明社會馴服野蠻人的過程。當時白人對印地安原住民部落所實行的共產制度感到迷惑，進而認定沒有私有財產概念的印地安社會並不具備文明的條件。[35] 簡言之，美國在經營邊疆的過程中逐漸發展出詮釋自我（self）與他人（others）之間的界線，並以此為標準，將任何不符合美國價值觀的制度或意識形態都視為是美國生存的威脅。[36]

　　Campbell認為：在第二次世界大戰結束後，美國社會對如何應付外在威脅（在此指共產主義意識形態）歷經了兩個階段。在杜魯門（Harry Truman）總統時期，美國的做法是把認同蘇聯的人劃為「非美國」（un-American），同情共產主義被認定是對國家不忠實的行為。這個趨勢在麥卡錫主義盛行的1950年代初期到達高峰。在艾森豪（Eisenhower）總統時期，美國社會對威脅的態度由強調忠誠（掃除社會內部的異議份子）轉變為安全（建構一系列防範威脅的國家安全戰略）。美國對共產主義威脅的認定源於美國社會在自我認同建構過程中所產生的排斥外來價值觀等作為，卻因美國在第二次大戰後躍升為世界強權而成為美國外交政策的核心

[35] David Campbell, *Writing Security* (1992), p. 165-166.

[36] 另有學者運用邊疆之概念，將美國走向世界之歷史劃分為大陸邊疆、海外邊疆、全球邊疆三個時期。其中每一時期的內部動力與外部機遇相結合成為其外交政策之動力。見：石慶懷，〈從大陸邊疆島全球邊疆—美國走向世界的歷史進程〉，《遼寧大學學報》，2005年7月，第33卷第4期，頁62-69。

概念。[37] 在冷戰結束之後，美國的決策者知道必須在外交上重新創造出一個想像的敵人，才能讓美國名正言順地維持在全球龐大的軍事部署。這個過程耗費了一段時間，而且多數並不成功，1990年的伊拉克入侵科威特事件雖然遭到美國以強大的軍事力量反擊，但伊拉克統治者海珊似乎並沒有征服世界的野心，也沒有被塑造成全世界的頭號敵人；老布希（George H.W. Bush）擔任總統時（1989-1993年）曾經將打擊毒品作為內政與外交上的主要目標，並提出反毒戰爭（War on Drugs）的口號，但是美國並沒有辦法將毒品或毒販提升到全世界威脅的層次。[38] 在柯林頓時期，曾經將「流氓國家」（rogue state）定位為世界和平與秩序的敵人。不過流氓國家一詞具有貶抑與侮辱意味，批評者多認為美國政府僅是利用此概念抹黑一些執行反美政策的國家。[39] 此外，在美國輿論界也出現中國威脅論的說法，認為中國將在21世紀崛起為超級強權，挑戰美國的領導地位。[40] 但無論美國政府與中國政府都沒有真正將彼此視為敵人，中美之間最為嚴重的外交衝突必須等到2001年4月的海南島上空撞機事件，當時已經是共和黨政府執政。

　　簡言之，1990年代美國在國際事務上沒有明顯敵人的主要原因，是因為其決策者認為世界上尚未存在任何足以挑戰美國地位的戰略對手，美國本土安全無憂。因此在民主黨主政時期，美國外交政策的重心主要放在如何維持一個穩定的國際政治與經濟秩序：政治上的自由民主意識形態與經濟上的自由市場經濟是當時美國推行外交政策的兩大目標。[41] 柯林頓政府

---

[37] David Campbell, *Writing Security* (1992), p. 171-172.

[38] 關於這場反毒戰爭的成敗分析，請見Dan Check, "The Successes and Failures of George Bush's War on Drugs," 1995, <http://www.tfy.drugsense.org/tfy/bushwar.htm>

[39] Noam Chomsky, *Rogue States: The Rule of Force in World Affairs*, Sound End Press, 2000.

[40] Richard Bernstein and Ross Munro, *The Coming Conflict with China*, Vintage, 1998; Bill Gertz, *The China Threat*, Regency Publishing, 2000.

[41] 這兩個概念正是日裔美國學者福山（Francis Fukuyama）在1989年所提出的歷史終結論的核心概念。關於歷史終結論，見：Fukuyama, Francis, "The End of History?" *National Interest*, no. 16 (Summer 1989), p.3-18.

在外交政策上強調多邊主義，也就是在國際法與國際組織的架構下推動多國合作。而當時美國的戰略學界對美國外交政策方向的討論大多集中在美國是否繼續將成為唯一的超級強國、是否繼續扮演世界警察角色，以及如何重新定義國家利益等等。[42] 這使得部分學者認定在冷戰結束後的前十年，美國對於安全戰略的辯論主要是圍繞在「美國是否興衰」這個議題上。[43] 表6.3列出了美國自冷戰結束後在外交與國防政策上的一些主要報告與宣示。仔細分析可發現在柯林頓執政八年期間（1993-2000年），美國政府並沒有將恐怖主義視為真正安全威脅；許多外交政策報告甚至預測美國在短期內不會再遇到像蘇聯那樣的對手。

其實在柯林頓總統期間，美國曾經遭遇多次恐怖主義的攻擊，其中最著名的是1993年世貿雙子星大樓爆炸案，1995年奧克拉荷馬聯邦政府大樓爆炸案，1998年8月在坦尚尼亞與肯亞的美國大使館爆炸案，與2000年10月美國驅逐艦柯爾號（USS Cole）在葉門的亞丁港遭攻擊事件。表6.2列出了美國歷史上十大恐怖攻擊事件，其中有五件是發生在冷戰結束與九一一事件之間，且1998年在坦尚尼亞／肯亞與2000年在亞丁港的攻擊都是由基地組織策劃執行，但「反恐」一直未成為柯林頓政府外交政策的核心議題。[44]（見表6.2）。2001年4月（小布希已經上任）美國國務院發表的「2000年全球恐怖主義形勢」報告，甚至未提及「基地」組織在阿富汗活動的情況。其實在九一一發生前，部分學者也早就提注意到恐怖主義的危險性。Christopher C. Harmon在2000年出版的書中便認定恐怖主義活動必

---

[42] Charles Krauthammer, "The Unipolar Moment," *Foreign Affairs*, Vol. 70, No. 1. Special Issue: America and the World 1990/91, 1990/1991, pp.23-33.; Christopher Layne, "Rethinking American Grand Strategy: Hegemony or Balance of Power in the Twenty-First Century?" *World Policy Journal*, Summer, 1998, pp. 8-28.; Joseph Nye, "Redefining the National Interest," *Foreign Affairs*, Vol. 78, No. 4, July/August 1999, pp. 22-35.

[43] 張立平，〈保守主義與美國外交政策〉，周琪主編，《意識形態與美國外交》（上海：上海人民出版社，2006年），頁310。

[44] 張錫模，《全球反恐戰爭》（2006年），頁63。

會增加。這與三個因素有關：新科技（New Technology）、新目標（New Targets）與新容忍（New Toleration）。由於交通工具、大眾傳播與武器技術的不斷進步，大大加強了恐怖份子的機動力與破壞力；大眾傳播對恐怖活動的報導及渲染更有推波助瀾之效。其次，現代自由開放社會與頻繁的商業活動提供了恐怖份子更多攻擊目標：大型客機、國際機場、商業中心等聚集人潮之地都是恐怖份子攻擊的理想對象。最後，由於部分國家與政府對打擊恐怖主義採取較為消極的態度，使得恐怖份子得以獲得喘息的機會。聯合國等國際組織也往往受到政治因素干擾，未能就如何消滅恐怖主義制定出一致而有效的戰略。[45] 而美國國會在2001年布希總統就任不久，便提交一份報告，指稱美國不可能永久維持巨大的權力與影響力；在未來四分之一世紀中，恐怖攻擊將會對美國本土及公民發動直接的攻擊。恐怖主義是未來美國安全最大的威脅。[46]

表6.2　與美國相關的十大恐怖攻擊事件

年份/日期	事件	策畫組織/國家	死傷	備註
1983/4/18	貝魯特美國使館爆炸事件（The United States Embassy bombing）（黎巴嫩貝魯特）	回教聖戰組織（Islamic Jihad Organization）聲稱係其所為，法庭認定為什葉派恐怖組織真主黨（Hezbollah）	死亡人數83人	1. 美國首次因中東問題遭受攻擊 2. 真主黨否認涉案
1983/10/23	貝魯特美、法軍營連環爆炸事件（The Beirut barracks bombing）（黎巴嫩貝魯特）	見表6.1	見表6.1	見表6.1

---

[45] Christopher C. Harmon, *Terrorism Today*. (London, Frank Cass, 2000), p. 137-186.

[46] 該報告完整內容請見以下網頁：<http://www.milnet.com/hart-rudman/>

表6.2　與美國相關的十大恐怖攻擊事件（續）

年份/日期	事件	策畫組織/國家	死傷	備註
1988/12/21	泛美航空103號班機事件，洛克比空難（Pan Am Flight 103）（墜毀於蘇格蘭洛克比）	見表6.1	見表6.1	見表6.1
1993/2/26	紐約世貿中心爆炸事件（The World Trade Center Bombing）（美國紐約市）	萊姆齊·尤瑟夫（Ramzi Yousef）卡勒德·沙克·穆哈馬德（Khaled Shaikh Mohammed）（尤瑟夫之叔）	死亡人數6人，受傷人數1042人	
1995/4/19	奧克拉荷馬市聯邦大樓爆炸事件（The Oklahoma City bombing）（美國奧克拉荷馬市）	麥克維（Timothy McVeigh）與尼古拉斯（Terry Nichols）	死亡人數168人，受傷人數超過800人	是9.11事件之前美國本土死傷最嚴重之恐怖攻擊事件
1996/7/27	中央奧林匹克公園爆炸事件（The Centennial Olympic Park bombing）（美國亞特蘭大市）	魯道夫（Eric Robert Rudolph）	死亡人數2人，受傷人數111人	魯道夫於2003年落網
1998/8/7	美國三蘭港與奈洛比大使館連環爆炸事件（U.S. embassy bombings in Dar es Salaam and Nairobi）（坦尚尼亞三蘭港、肯亞奈洛比）	見表6.1	見表6.1	見表6.1
2000/10/12	美國軍艦柯勒號爆炸事件（The USS Cole bombing）（葉門亞丁港）	見表6.1	見表6.1	見表6.1
2001/9/11	九一一恐怖攻擊事件（September 11 terrorist attacks）（美國）	見表6.1	見表6.1	見表6.1

表6.2　與美國相關的十大恐怖攻擊事件（續）

年份/日期	事件	策畫組織/國家	死傷	備註
2001/9	炭疽熱郵件攻擊事件（The anthrax attacks in the United States）（美國紐約市、華盛頓特區、佛羅里達州博卡雷頓市）	美國陸軍傳染病醫學研究所生化防護研究員伊凡斯（Bruce Edwards Ivins）涉有重嫌	死亡人數5人，感染人數17人	FBI於2008年年中宣布伊凡斯涉有重嫌，布魯斯隨即於2008年8月1日自殺身亡

本表由中興大學國政所碩士班周學瑾同學協助整理

新保守主義、布希、伊拉克

　　由認知到恐怖主義做為威脅而存在到採取實際反恐行動之間，存在著兩個必要的催化劑，這就是共和黨重新上台執政與其後發生的九一一恐怖攻擊事件。如果布希沒有在2001年成為美國總統，或基地組織沒有對美國本土發動九一一形式的攻擊，美國不可能會調整其外交政策，這個世界也不會出現反恐戰爭。外界多認為布希政府的外交政策是受到「新保守主義」（Neo-Conservativism）的影響的結果。[47] 所謂新保守主義是源於20世紀60年代末，在美國東北部的一群猶太自由派學者所發起的一種思潮。其原始主張是反對極左（蘇聯共產主義）和極右（如納粹德國）的政治思維，捍衛民主價值。另依據Paul Krugman的說法，這些新保守主義者可以追溯到兩個團體：一是以Melton Friedman為首的芝加哥學派經濟學家；另一個則是以Irving Kristol為首的社會學家，以及反對詹森總統提出之大社會（Great Society）概念的公共利益雜誌（The Public Interest）。[48] 這些人在1970年代之後與共和黨陣營內的傳統保守派勢力結合，並在雷根

---

[47] 關於傳統保守主義與新保守主義之間的差異，張立平，〈保守主義與美國外交政策〉，周琪主編，《意識形態與美國外交》（2006年），頁264-271。

[48] Paul Krugman著，吳國卿譯，《下一個榮景：政治如何搭救經濟》（台北：時報，2008），頁127-128。

（Ronald Reagan）執政時期開始在政策上發揮影響力。部分新保守主義者在1997年成立了一個稱為「新美國世紀計畫」（Project for the New American Century）的組織，崇尚雷根總統執政時代的美國外交政策，主張大幅增加軍事預算，建立強大武力，並在外交政策上強調維護國際正義、推廣民主價值、拒絕對邪惡勢力妥協。[49] 其他與新保守主義陣營相關的外交智庫還包括美國企業研究所（American Enterprise Institute）與傳統基金會（Heritage Foundation）。另一種比較戲劇性的說法來自來自前洛杉磯時報（Los Angeles Times）資深外交記者孟捷慕（James Mann）在2004年間所撰寫的一本書：《火神隊的崛起：布希戰爭內閣史》（*Rise of the Vulcans: The History of Bush's War Cabinet*）。[50] 該書將布希政府第一任期內外交政策的變化稱之為「火神隊」（the Vulcans）的崛起與沒落。「火神隊」的出現，象徵著美國在歷經冷戰結束與國力復甦之後，一個以維持美國全球軍事優勢與影響力為目標的新外交政策團隊正式成軍。[51]

　　2001年初布希總統上台之初，「新保守主義者」（或「火神隊」）已經大致勾勒出未來外交政策的藍圖。他們反對柯林頓政府時代的多邊國際合作主義，主張美國既是人類歷史上軍事與政治力量最強大的國家，絕對有能力來改變並塑造一個更好的國際秩序。單邊主義（unilateralism）的概念正式出現。但打擊恐怖主義此時並未立刻成為美國對外戰略的核心議題，直到九一一恐怖事件，才給了新保守主義者在外交政策上發揮的機會。此一事件對美國社會的衝擊進一步強化布希政府以反恐戰爭作為美國外交政策目標的決心。因此在九一一事件發生之後的一年之內，布希總統陸續在以下幾個場合陸續推出與反恐相關的外交政策口號：

---

[49] Mel Gurtov, "American Crusades, Unilateralism, Past and Present," in Gurtov and Peter Van Ness, eds., *Confronting the Bush Doctrine: Critical Views from the Asia-Pacific* (London, UK: Routledge, 2005), p. 9.

[50] James Mann, *Rise of the Vulcans, the History of Bush's War Cabinet* (New York, NY: Penguin, 2004)

[51] 陳牧民，〈全球反恐戰爭下的南太平洋地緣情勢—美國與東協國家關係之分析〉，施正鋒、闕河嘉主編，《當代南太平洋民主政治》（台北：台灣國際研究協會，2007年），頁6-7。

- 2002年1月：布希總統在給國會的年度國情咨文中首次以「邪惡軸心」（Axis of Evil）一詞形容伊拉克、伊朗和北韓，正式將這三國貼上支持恐怖主義的標籤。
- 2002年6月：布希總統受邀在西點軍校的畢業典禮上致詞，明確提出美國該以「先發制人」戰略（Preemptive Strike）取代過去的「嚇阻」（deterrence）戰略。[52]
- 2002年9月：布希政府正式發表第一份「美國國家安全戰略」（United States National Security Strategy）報告，將美國對外戰略定義爲一場「全球的、反擊恐怖份子的戰爭」（the United States is fighting a war against terrorists of global reach）。[53]

　　除了布希的政策宣示外，美國國務院所發布的年度全球恐怖主義形勢報告與國防部所發布的四年國防情勢報告也將反恐戰爭列爲主要內容（見表6.3）。將此一時期美國外交政策與1990年代相比較，可明顯發現美國態度的巨大轉變。布希政府藉由美國在國際輿論界的巨大影響力，全力塑造「恐怖主義乃世界威脅，打擊恐怖主義是正義之舉」的理念。在美國政府成功出兵阿富汗，推翻神學士政權後，新保守主義者對外宣稱只有在中東地區植入民主，以自由主義價值觀來改造整個伊斯蘭世界，才能徹底根除伊斯蘭極端主義和恐怖主義威脅。這個理由十分牽強，因爲美國決策者非常清楚在中東地區實行民主政治的結果就是讓激進的伊斯蘭教政黨或組織取得更大的權力，甚至選出像賓拉登這樣的人來執政。[54] 自詡爲自由派的經濟學家Paul Krugman認爲，布希政府刻意宣揚反恐戰爭的真正目的是維

---

[52] Paul Viotti, *American Foreign Policy and National Security: A Documentary Record* (Upper Saddle River, NJ: Pearson Prentice Hall, 2005), p. 245.

[53] Paul Viotti, *American Foreign Policy and National Security: A Documentary Record* (2005), p. 247.

[54] Fareed Zakaria著，孟玄譯，《自由的未來—美國國內和國際間的偏執民主》（台北：聯經出版社，2005年），頁123。

持國家安全議題在美國國內政治與輿論界的優勢地位，藉以鞏固共和黨的永久執政地位。[55] 我則認為美國選擇繼續對中東用兵的真正理由是為了要更全面且有效的推行打擊基地組織，以及其背後的革命意識形態。為了這個目的，美國必須另外發動一場戰爭，以取得在中東地區的關鍵地緣政治地位，並確認全球反恐戰爭的勝利結果。能夠符合這個條件的國家，只有伊拉克。2003年1月，布希總統在對國會發表的國情咨文中，將海珊統治的伊拉克描述為所有邪惡的根源：不僅與基地組織掛鉤，支持恐怖主義活動，還偷偷製造大規模毀滅性武器，並逃避聯合國檢查。布希甚至聲稱：「如果這些行為不算邪惡，那邪惡這個詞根本就不存在！（If this is not evil, then evil has no meaning）這些行為已構成世界和平的重大威脅，美國將不惜對其發動戰爭！」

　　外界將布希總統在九一一事件後至伊拉克戰爭所主張的一系列主動打擊敵人之戰略稱之為「布希主義」（the Bush Doctrine）。布希主義的特色是將美國的外交政策提升到意識形態層次，強調善惡二元對抗，並以實力為基礎，對敵人展現強硬態度。但我認為布希主義的本質是一種由現實主義所包裝的反恐文化：美國藉由打擊恐怖主義的口號，塑造一種符合美國利益的新國際秩序。這使得全球反恐戰爭在一開始便與冷戰有很多相似之處。第一，在這兩個例子中，美國所認定的威脅其實是美國本身所面臨的威脅，但嘗試將這種威脅解釋成是對全人類的生存威脅；第二，美國決策者將應付這種威脅的舉動解釋成正義與邪惡之間的對抗，美國自認打擊恐怖主義就如同冷戰時期美國聯合自由民主社會對抗共產極權一般；第三，為了達成有效打擊敵人的目的，美國設計出一整套在外交與軍事上的對應方案，並要求國際社會配合美國的行動。冷戰時期美國對蘇聯的圍堵戰略與布希所提出的全球反恐戰爭概念有異曲同工之用。但與冷戰最大的不同，是許多西方國家並沒有認真回應美國反恐戰爭的召喚。這些國家原本在外交事務上較為親美，也認為基地組織是對目前國際秩序與和平的最大

---

[55] Paul Krugman著，《下一個榮景：政治如何搭救經濟》（2008），頁200。

威脅，但是當美國以反恐為名出兵伊拉克時，這些國家對美國的支持開始動搖，美國所精心構築的全球反恐戰爭文化終於在2003年伊拉克戰爭前夕逐漸崩解。可以從以下幾個例子看出這種變化：

東南亞國協（ASEAN）

　　九一一事件之後，布希政府認定東南亞地區為基地等恐怖組織組織發展的溫床，因此透過不同方式嘗試與東協國家建立共同打擊恐怖主義的計畫。[56] 2001年11月，也就是九一一事件發生兩個月後，東協國家領袖在汶萊舉行的高峰會上，共同發表第一篇反對恐怖主義的聲明，但內容只譴責恐怖主義攻擊美國的行為，卻沒有支持美國在阿富汗的軍事行動。其後在2002年5月與7月又陸續發表兩篇反恐聲明。2002年8月，在美國政府強力運作下，東協與美國共同發表一篇名為「合作打擊國際恐怖主義」的聯合聲明（Joint Declaration for Cooperation to Combat International Terrorism）。[57] 但東協國家對不干涉內政原則的堅持大大削弱了該聲明的效力：在越南與印尼政府要求下，聲明最後加入「承認主權平等、領土完整與不干涉他國內政事務的原則」等字句。這也使得美國期望透過這個聲明與東協建立反恐情報及資訊交換平台的希望落空。這主要的原因是東協部分國家對於極端伊斯蘭組織是否對東協國家構成嚴重的安全威脅的看法並不一致，新加坡與菲律賓積極回應美國的反恐號召，但印尼與馬來西亞的態度則比較消極。直到2002年峇里島爆炸案發生後，印尼政府才動手拘捕伊斯蘭祈禱團（Jemaah Islamiah）領袖並加以判刑。印尼與馬來西亞擁有數量龐大的穆斯林人口，因此領導人在處理與宗教相關的議題上向來採

---

[56] John Gershman, "Is Southeast Asia the Second Front?" *Foreign Affairs*, Vol.81, No.4 (July/August, 2002), pp. 60-74.

[57] 這四篇聲明分別為：Declaration on Joint Action to Counter Terrorism（2001年11月）；Action Plan to Combat Transnational Crime and Terrorism（2002年5月），ARF Statement on Measures Against Terrorist Financing（2002年7月），ASEAN=US Joint Declaration for Cooperation to Combat International Terrorism（2002年8月）。全文見東協官方網站：http://www.aseansec.org/14207.htm

取謹慎態度，例如馬來西亞總理馬哈地（Mahathir Mohammad）支持美國對阿富汗的軍事行動，並同意美軍使用馬來西亞領空；但另一方面但他卻公開批評美國的先發制人戰略，認為美國外交政策充滿對穆斯林的偏執與歧視。[58] 研究東南亞安全的學者認為像基地組織在東南亞的合作團體伊斯蘭祈禱團在東協各國內部根本無法獲得廣泛支持，因此對各國政府而言並不能算是最嚴重的安全威脅。[59] 因此美國在2002年後逐漸放棄爭取東協配合，而是採取雙邊合作之方式，與新加坡、菲律賓等國家執行反恐政策。

日本

　　日本自民黨內閣在九一一事件發生第二天立刻召開安全保障會議，決定與盟國美國充分合作，以對抗恐怖主義的攻擊。日本政府在10月5日向國會提出「反恐特別措施法」等三個法案，而國會也迅速審議通過，在11月2日公佈實施。[60] 11月下旬，日本派遣三艘自衛隊船艦前往印度洋支援美國在該區的軍事行動，這是日本在第二次世界大戰結束以來，首次派遣軍事船艦至海外執行任務。日本如此積極配合美國在九一一事件之後反恐行動的做法，有人解讀為日本是為了向美國展示對美日同盟的支持，也有人認為完全是美國施壓的結果[61]。2001年12月，日本國會通過聯合國維和行動作法修正案， 放寬日本自衛隊赴海外執行任務的條件限制。2002年4月，在小泉首相主導下，日本國會進一步通過有事三法關連法案，賦予首相在緊急事態下，可以不經安全保障會議及內閣會議，直接調動自衛

---

[58] 對該現象之詳細討論可見：陳牧民，〈全球反恐戰爭下的南太平洋地緣情勢—美國與東盟國家關係之分析〉，施正鋒、闕河嘉主編，《當代南太平洋民主政治》（台北：台灣國際研究協會，2007年），頁12-23。

[59] Allan Collins, *Security and Southeast Asia: Domestic, Regional, and Global Issues* (Boulder CO: Lynn Rienner, 2003), pp.203-204

[60] 另外兩個法案是自衛隊法修正案及海上保安廳法修正案。這三個法案統稱為恐怖主義對策關連三法。

[61] 劉冠效，〈轉變中的日本安全保障政策——反恐特別措施法的探討〉，《問題與研究》，第41卷，第5期，2002年9-10月，頁49。

隊。[62] 這三個法案最重要的特性是對「有事」做更廣泛的定義定：不論日本本土受到攻擊或有被攻擊的危險，日本都可以出動自衛隊進行防衛作戰。國內學者蔡增家認為：在自民黨政府主導及在野政黨的全力配合下，日本逐漸透過配合美國的反恐政策來達到國家軍隊正常化目的。[63]

澳大利亞

　　自從自由黨（Liberal Party）在1996年上台執政以來，澳大利亞總理霍華德（John Howard）將強化與美國關係做為外交政策的主要目標。九一一事件後，霍華德政府表現出對美國反恐戰爭的堅定支持，但這也使得澳大利亞成為恐怖主義團體所鎖定的攻擊目標。2002年10月12日，印尼著名度假勝地峇里島發生恐怖攻擊爆炸案，造成一百八十人死亡、四百多人受傷。因死傷者多數是包括來自澳洲的觀光客，這起事件被認定是澳洲的九一一事件，此後在東南亞地區還陸續發生一連串以澳洲公民為目標的恐怖攻擊。[64] 峇里島恐怖攻擊事件的直接結果，是霍華德政府決定對恐怖主義採取更為強硬的態度，並公開宣稱將採取先發制人戰略以打擊恐怖主義。[65] 因此近年來澳洲政府積極與東南亞國家，特別是印尼進行反恐合作，包括2002年與印尼簽訂反恐合作備忘錄、2003年舉行雙邊部長級會談、2004年與印尼在峇里島舉辦部長級區域反恐會議等等。這些合作計畫已逐漸產生效果：2005年迄今印尼未再發生大規模恐怖攻擊。2007年6月間印尼警方在美國與澳大利亞的情報支援下成功逮捕伊斯蘭祈禱團領袖杜

---

[62] 有事三法包括：武力攻擊事態法案，安全保障會議設置法修正案，自衛隊法修正案。

[63] 蔡增家，〈從新保守主義論述變遷中的日本防衛政策〉，《遠景基金會季刊》，2007年7月，第8卷第3期，頁111-113。

[64] 包括2003年8月雅加達萬豪酒店爆炸事件；2004年9月澳大利亞駐印尼大使館爆炸事件；以及2005年10月第二次峇里島爆炸事件。

[65] Armitav Acharya, "The Bush Doctrine and Asian Regional Order: the Perils and Pitfalls of Preemption," in Gurtov and Van Ness, eds., *Confronting the Bush Doctrine* (London, UK: Routledge, 2005), p. 212.

亞納（Abu Dujana），此人據信是2003年與2004年雅加達爆炸案的幕後策劃人，也是伊斯蘭祈禱團軍事部門的領袖。由澳洲打擊恐怖主義的歷程來看，九一一事件後支持美國反恐戰爭的作為原本是作為美國長期盟友的本能反應——霍華德的親美態度被認為是對前幾任政府積極融入亞洲政策的重大調整。[66] 但在2002年後，澳洲本身面臨恐怖主義的威脅，對打擊恐怖主義的態度更趨積極。換言之，澳洲參與全球反恐戰爭是基於自身利益受到嚴重威脅，並不一定是完全受到美國所宣傳的反恐戰爭文化影響。

表6.3　冷戰結束以來美國政府對外交政策之主要報告與宣示

時間	名稱	發表人/單位	場合	內容重點
1993年1月		柯林頓	就職演說	1. 振興國內經濟、提升全球經濟成長；2. 重新調整安全部署以因應新的威脅；3. 整頓外交，推廣民主，促進自由市場經濟。
1994年7月	「交往與擴大國家之國家安全戰略」	柯林頓政府		擴大與交往的外交政策，積極與外國交往。相信民主國家較不易與其他民主國家發生戰爭。
1995年3月	靈活與選擇參與戰略	柯林頓政府		美國需對付的各種威脅是無限的，美國的資源和人力卻是有限的，要靈活運用並選擇參與對美國利益重大的區域安全和國際事務。
1997年	「四年國防評估報告」（Quadrennial Defense Review, QDR）	國防部		考量1997-2015年期間及未來可能面臨之潛在威脅、戰略、兵力結構、戰備狀態、軍事現代化、國防基礎建設及其他國防計畫等因素，試圖為提出均衡且能負擔之國防計畫。

---

[66] Bruce Vaughn, "Australia's Strategic Identity Post-September 11 in Context: Implications for the War against Terror in Southeast Asia," *Contemporary Southeast Asia*, Vol. 26, No. 1, April 2004, pp. 97-98.

表6.3　冷戰結束以來美國政府對外交政策之主要報告與宣示（續）

時間	名稱	發表人/單位	場合	內容重點
1997年7月	「新世紀國家安全戰略」報告	柯林頓		提出以「營造─反應─準備」（shape-respond-prepare）為核心的戰略方針，針對地區性危險、非對稱性挑戰、跨國危險和意外情況等四大威脅確立反應戰略，實現「促進和平與穩定」與「擊敗對手」兩大軍事目標。
1998年	年度報告	國防部		報告指出，美國在世界範圍內不會面臨像冷戰時期蘇聯那樣的「全球性競爭對手」對美國構成軍事上的挑戰。其他國家是無法威脅美國的。
2000年	年度報告	國防部		美國沒有全球性的對手，以後也可能不會有。10-15年之後才有可能出現威脅美國的區域強權。
2001年4月30日	「2000年全球恐怖主義形勢」報告	國務院		打擊恐怖主義要有一個國際性的組織，打擊恐怖主義是國際行動，美國將協助各國打擊恐怖主義。
2001年10月8日	成立「國土安全署」			統合各相關單位情資，採打擊恐怖主義措施，保護運輸、糧食及供水系統等基礎設施安全，協調各救援體系，有效處理救災與重建工作。
2001年10月26日	「反恐怖主義法案」生效	布希		可調查、拘押及懲罰恐怖份子嫌犯。
2001年11月	「四年國防評估報告」	國防部		打擊恐怖組織、防堵大規模毀滅性武器擴散、加強本土防衛及影響新興強國的戰略選擇；確立防衛美國本土為第一要務。
2002年1月29日	國情咨文	布希總統	參眾兩院	指控北韓、伊拉克、伊朗為「邪惡軸心」。
2002年5月21日	「2001年全球恐怖主義形勢」報告	國務院		強調反恐乃全球性運動，沒有國家能置身事外
2002年6月	畢業典禮演講	布希	西點軍校	美國應以「先發制人」戰略取代過去的「嚇阻」戰略。

表6.3 冷戰結束以來美國政府對外交政策之主要報告與宣示（續）

時間	名稱	發表人/單位	場合	內容重點
2002年7月16日	「國土安全戰略」報告	布希政府（白宮）		內容重點為防止恐怖分子對美國本土發動襲擊，加強美國對付恐怖主義的能力並減少恐怖分子襲擊造成的損失。
2002年9月20日	「美國國家安全戰略」	布希政府（白宮）		確立「先發制人」戰略。
2003年1月28日	國情咨文	布希	國會	指責伊拉克製造大規模毀滅性武器，並蔑視聯合國對其解除武裝的要求；美國將不惜發動戰爭
2003年2月14日	「抗擊恐怖主義與國家安全聲明」	布希政府（白宮）		擊敗恐怖主義份子及其組織、杜絕對恐怖主義份子的贊助、支持與庇護、減少恐怖主義份子企圖利用的基礎條件、保護國內外美國公民和利益。
2003年3月18日		布希	聯合國發表演說	要求伊拉克立即放棄大規模毀滅性武器，要求聯合國各會員國確實執行對伊拉克的各項決議。
2003年4月30日	「2002年全球恐怖主義形勢」報告	國務院		全球反恐戰爭已取得重大進展；美國已有效切斷基地的資金網路。
2003年6日1日		布希	西點軍校演講	再次重申先發制人戰略。
2003年9月25日		布希	聯合國大會發表演講	針對阿富汗與伊拉克問題，美國應為阿富汗人民和伊拉克人民建設自由，並防止大規模毀滅性武器的擴散。
2004年6月22日	「2003年全球恐怖主義形勢」報告	國務院		宣稱過去一年全球恐怖主義活動與死亡人數為20年來最少。但後來國務院更改報告，稱過去一年恐怖主義活動大幅增加。
2004年8月16日		布希	辛辛那提市退伍軍人協會	宣佈軍事調整計畫，未來十年內從海外撤回6至7萬駐軍，將大部分的軍力將維持在國內，以因應可能的威脅。

表6.3 冷戰結束以來美國政府對外交政策之主要報告與宣示（續）

時間	名稱	發表人/單位	場合	內容重點
2005年2月	「四年國防評估」報告	國防部		反恐戰爭、本土防衛、防止中國等國之崛起、防止大規模殺傷性武器擴散，並協助伊拉克與阿富汗訓練自己的部隊。
2005年4月27日	「2004年度各國反恐怖主義形勢」報告	國務院		加強了國內安全措施，在伊拉克與阿富汗採取軍事行動，並已加強國際反恐合作，反國際恐怖主義的鬥爭仍然任務艱巨，打擊恐怖主義仍是重要任務。
2006年1月30日	國情咨文	布希	國會	美國要與國際社會一同合作，持續對範圍內的恐怖份子及叛亂份子發起攻勢，包括阿富汗與伊拉克境內的恐怖份子。
2006年4月28日	「2005年全球恐怖主義形勢」報告	國務院		恐怖主義定義加以廣泛，包含國際恐怖主義行為，還包含所有其他恐怖主義行為。
2006年8月31日		布希	退伍軍人大會演講	將全球「反恐戰爭」重新定義為「反伊斯蘭法西斯戰爭」。
2007年1月23日	國情咨文	布希	國會	打擊恐怖主義是一種責任，反恐戰爭一定要贏，對付伊拉克要用民主、法律、人權才能使戰爭停止，並要求伊拉克政府撤兵。
2007年4月30日	「2006年度各國反恐怖主義形勢」報告	國務院		伊朗、敘利亞提供恐怖份子來源；古巴、北韓與蘇丹為確定支持恐怖份子的國家，巴勒斯坦問題仍是受到關注。總共確立有42個為外國恐怖主義組織。
2006年8月31日	退伍軍人大會演講	布希總統	退伍軍人大會	將全球「反恐戰爭」重新定義為「反伊斯蘭法西斯戰爭」。
2007年1月23日	國情咨文	布希總統	國會	要求國會同意增兵伊拉克。
2007年4月30日	「2006年度各國反恐怖主義形勢」報告	國務院		將加強與各國互動以打擊恐怖主義；將伊朗與敘利亞列為恐怖份子來源的國家；將古巴、北韓與蘇丹列為確定支持恐怖份子的國家。

本表由彰化師範大學政研所碩士班張雅榕同學協助整理

結論：全球反恐戰爭的興衰

2003年間，聯合國秘書長安南（Kofi Annan）曾經任命一個「威脅、挑戰與變遷之高層小組」（UN High Level Panel on Threats, Challenges and Change）。該小組由16位世界各國資深政治領袖組成，負責對聯合國改革工作提出具體建議。[67] 這個小組在2004年12月間對聯合國正式提交一份名為《一個更安全的世界：我們的共同責任》（*A More Secure World: Our Shared Responsibility*）的最後報告。報告中對恐怖主義做出這樣的定義：

> 任何企圖造成一般人民或是非戰鬥人員身體之嚴重傷害或是死亡的行動，其目的是要恐嚇人民、或是脅迫政府或是國際組織去採取或放棄某項行動。[68]

非常弔詭的是，這樣的定義在2005年9月於舊金山舉行的世界高峰會（World Summit）中竟然未獲通過。與會各國代表最後只勉強同意譴責「無論由任何人、何時發起、為了任何政治目的或以任何形式進行，但對國際和平與安全已構成威脅的恐怖主義活動」。這個現象顯示各國間對於是否將暴力視為達到政治目的必要手段，以及是否將某些團體視為恐怖主義組織等問題，在見解上有很大差異。九一一恐怖攻擊事件徹底改變了美國人對威脅的認知，「全球反恐戰爭」成為此後美國在外交上的主要戰略。但是由於美國所認知的恐怖主義威脅與其他國家之間並不對等，使得美國對外推行反恐文化的過程並不順利。不同國家對反恐戰爭的配合多半是基於自身的利益，而非對恐怖主義威脅的恐懼。

---

[67] Thomas G. Weiss, David P. Forsythe, Roger A. Coate and Kelly-Kate Pease, *The United Nations and Changing World Politics* (Boulder CO, Westview, 2007), p. 106.

[68] 原文為：any act that is intended to cause death or serious bodily harm to civilians or non-combatants, when the purpose of such act, by its nature or context, is to intimidate a population, or to compel a government or an international organization to do or abstain from doing any act.

　　另一方面，美國所創造出的反恐文化也產生許多意想不到的效果：九一一事件後，伊斯蘭教徒被貼上恐怖份子的標籤，居住在西方國家的伊斯蘭教徒生活受到極大的侵擾，社會大眾甚至以外貌作為認定恐怖份子的標準，刻意排斥戴頭巾、蓄鬚的亞洲人（特別是印度的錫克教徒）；在伊斯蘭教義中，自殺式攻擊原本不是展現聖戰的主要方式，但在九一一事件後卻成為許多聖戰士表現其政治訴求的唯一途徑；美國政府為了徹底斬斷基地組織的影響力，貿然在2003年出兵伊拉克，至今造成4,000位以上的士兵死亡。九一一事件後八年，世界的確變得更不平靜，但是這些動亂有多少來自激進的伊斯蘭組織？有多少來自決策者的錯誤判斷？答案應該很明顯了。

第七章　國家安全論述下的兩岸關係

　　2006年，民進黨二十歲，我們要做什麼？我要鄭重、清楚告訴大家，2,300萬台灣人民和民進黨要共同催生台灣新憲法，讓台灣新憲法誕生！

——陳水扁（2003年9月28日）

　　我們注意到陳總統曾在2000年對兩岸關係做出不宣布獨立、不更改國號、不把兩國論納入憲法和不推動統獨公投的承諾。我們將會十分嚴肅地看待總統能否信守這些承諾。

——美國國務院發言人包潤石（2003年9月29日）

　　我們將以最符合台灣主流民意的「不統、不獨、不武」的理念，在中華民國憲法架構下，維持台灣海峽的現狀。

——馬英九（2008年5月20日）

前言

　　以上三章中分別以三個例子說明安全概念在國內、國家間與國際三個層次的變化。在國內層次，安全概念的表現形式是政治菁英創造出符合政治與經濟意識形態的安全論述；在國家間層次，主權與領土概念作為國與國之間交往的基本規則，任何改變領土與主權關係的作為將成為安全問題；在國際社會的層次，國際社會認可的安全問題來自對威脅的認定，而強權內部的決策者具有定義並推展威脅的能力。某一現象是否被認定為安全議題端看主宰國際政治秩序的強權是否具有推展該議題的能力。在本章中，我將嘗試將權力、秩序、威脅等三個面向所組合而成的分析架構來討論一個更為實際的案例，也就說是台灣的國家安全。我的出發點是：如果

在此一研究架構能夠讓我們更完整地理解整個安全概念的發展及其影響，就應該能為眼前我們所面對的安全問題提出更具有說服力的診斷。鑒於台灣國家安全問題牽涉甚廣，國內也有許多針對此議題的專門著作，本章不可能一一檢視。在此我將台灣的國家安全濃縮為一系列問題：

> 台灣住民認為自己的生存環境面臨來自中國的武力威脅，但為甚麼國際社會並不特別同情台灣的處境？何以國際社會不支持台灣成為獨立國家，不挑戰北京所堅持的一個中國原則？為何台灣對中國威脅的認知無法獲得國內與國際社會的普遍認同？

以下的分析將分為三部分。第一部分將嘗試對台灣所面臨的安全問題做一回顧，目的是解釋為何台灣的地位問題會演變為國家安全問題；第二部分是介紹並分析2000年迄今台灣的安全論述的轉變過程；第三部分將解釋何以民進黨政府所主張的中國威脅論與國民黨上台後所推行的中國市場論都遇到一定程度的挑戰，使得台灣的地位問題在短期內仍然無法找到妥善的解決之道。

台灣國家安全問題的起源

目前學術界關於台灣地位的討論大致可分為以下兩類：第一類是由國際法角度出發，分析台灣的國際法人格，或討論台灣是否為國際法定義下的主權國家。[1,2] 其中陳荔彤的研究主張中華民國對台灣的主權源於1945

---

[1] 當然這兩類觀點不足以涵蓋所有的討論。其他一個比較常見的切入點是討論台灣的主體認同是否構成為建立國家的基礎。相關論文可見江宜樺：〈當前台灣國家認同論述之反省〉，《台灣社會研究》，第29期，1998年3月，頁163-229；石之瑜：〈民族、民族研究、民族主義：兼論作為意識形態的社會科學研究〉，《問題與研究》，第40卷第3期，2001年7月，頁97-110。

年第二次世界大戰結束後國民黨政府對台灣的實質控制。此種作為在國際法上屬於交戰國在戰爭結束之際征服之領土，符合國際法中所謂「保持占有原則」（the principle of Uti Possidetis）。[3] 他認為1949年成立的中華人民共和國只繼承中華民國在中國大陸的統治權，中華民國的領土限縮在台灣而繼續存在。在李登輝總統宣示兩國論後，台灣已正式切斷與中國的聯繫，在國際法上成為一個主權獨立的新興國家。[4] 陳偉華則認為兩岸之間的主權爭議，實際上自1949年兩岸分離分治之後已經不具實質意義。中華人民共和國具備了完整主權定義下的主客觀條件（人民、領土、司法管轄權與獨立的國防武力），因此是一個主權獨立的國家；但中華人民共和國並未完全推翻中華民國，只是迫使後者縮小主權行使的範圍，因此中華民國也仍然是主權獨立的國家。[5] 胡慶山則主張台灣人民必須行使自母國脫離而獨立的自決權之後，台灣才能算是主權獨立的國家。[6] 范盛保的研究則從國際法中對國家承認與主權歸屬的相關規定，做出台灣已具有主權國家權利的結論。他以「宣示說」（declaratory）比「構成說」（constitutive school）更具有說服力為由，認為台灣的主權地位只要經由台灣人民本身

---

[2] 其中具有代表性之論文有：黃昭元，〈二次大戰後台灣的國際法地位〉，《月旦法學雜誌》，第9期，1996年1月，頁20-31；姜皇池，〈論台灣之國家屬性〉，《國立台灣大學法學論叢》，第25卷第4期，1996年7月，頁109-172；陳隆志，〈台灣的國際法律地位〉，《台灣法學會學報》，第17期，1996年9月，頁216-231；Jonathan Charney and JRV Prescott, "Resolving Cross Strait Relations between China and Taiwan," *American Journal of International Law*, Vol. 94, No. 3, July 2000,pp. 253-477.

[3] 保持占有原則意指在戰爭結束後，戰勝國可占有甚至吞併其所征服的戰敗國領土，並不以和約為限。本原則之目的是在補充和約的不足，確立現實狀態下戰勝國與戰敗國之間的法律關係。見邱宏達，《現代國際法》（台北：三民，2004），頁480-481；533。

[4] 陳荔彤，〈中華民國台灣的國際法人格〉，《東海大學法學研究》，第15期，2000，頁14-15, 17-18。

[5] 陳偉華，〈主權與戰爭：兩岸關係的轉捩點〉，《遠景季刊》，第2卷第3期，2001年，頁189-209。

[6] 胡慶山，〈台灣的民主化與國家形成的關係：由國際法上的自決權與承認論之〉，《淡江人文社會學報》，第17期，2003年12月，頁105-128

宣示即可。[7] 但台灣社會對確保台灣國家位格的主張在過去數十年來卻一直被統獨之爭的「假議題」所掩蓋。[8] 由國際法相關討論所延伸出的是關於台灣或中華民國是否具有國際法人格的研究，例如關於日本光華寮事件的判決等。[9]

第二類研究是由美國與中國之間的戰略互動來理解台灣問題，特別是美中之間的軍事力量的消長對兩岸關係的影響。[10] 論者多將國際體系下主權國家之間的關係作為研究的起點，將台灣視為崛起的中國與現有霸權美國之間爭霸的籌碼，因此台灣的最後命運取決於中美兩大強權在東亞區域勢力的攻防結果。[11] 利用國際政治理論中的現實主義邏輯來分析，台灣的行為（或選擇）可能受台美中三角關係的制約，結構上的三角關係（triangle relationship）將影響三者之間的敵友選擇；台灣也可能是「權力

---

[7] 所謂宣示說，即國家只要自行宣示主權獨立，便具有國際法人地位，因國家存在是一客觀事實；構成說則認爲新國家必須經由他國承認，才能取得國家的地位。見邱宏達，《現代國際法》（台北：三民書局，2004年），頁316-317。

[8] Lloyd Sheng-Pao Fan, "My Land, Your Land, But Never China's: An Analysis of Taiwan's Sovereignty and Its Claim to Statehood," 《台灣國際研究季刊》，第3卷第2期，2007年夏季號，頁141-181。

[9] 日本最高法院於2007年3月撤銷過去承認台灣所有權的勝訴判決，認爲中華民國已喪失中國國家代表權，不再擁有訴訟權，而將此案發回一審的京都地方法院更審。關於京都「光華寮」訴訟案與國際法之相關討論見：安藤仁介，〈論光華寮案與國際法〉，《台灣國際法季刊》，第3卷第3期，2006年9月，頁9-28。；李明駿，〈政府承認與國內法的訴訟權：從國際法看光華寮訴訟〉，《台灣國際法季刊》，第3卷第3期，2006年9月，頁29-59。

[10] 包宗和、吳玉山編，《爭辯中的兩岸關係理論》（台北：五南圖書，1999年）；Thomas J. Christensen, "The Contemporary Security Dilemma: Deterring a Taiwan Conflict," *The Washington Quarterly* 25, No. 4, Autumn 2002, pp. 7-21.; Robert Ross, "Navigating the Taiwan Strait: Deterrence, Escalation Dominance, and US-China Relations," *International Security* 27, No. 2, Fall 2002, pp. 48-85; Chen Qimao, "The Taiwan Conundrum: Heading towards a New War?" *Journal of Contemporary China*, No. 41, November 2004, pp. 705-715.

[11] Kurt Campbell and Derek Mitchell, "Crisis in the Taiwan Strait," *Foreign Affairs*, Vol. 80, No. 4, July/August 2001, pp. 14-25; Michael Swaine, "Trouble in Taiwan," *Foreign Affairs*, Vol. 83, No. 2, March/April 2004, pp. 39-49; Kenneth Lieberthal, "Preventing a War over Taiwan," *Foreign Affairs*, Vol. 84, No. 2, March/April 2005, pp. 53-63.

不對稱」理論（power asymmetry theory）中的小國，由於在權力上與大國不對等，只能在扈從（bandwagoning）與抗衡（balancing）之間做出選擇。[12] 吳玉山、包宗和主編的《爭辯中的兩岸關係理論》（1999）與卜睿哲（Richard Bush）的著作《解開兩岸的結》（*Untying the Knot*, 2005）均詳細敘述了美中台關係對兩岸政策上的影響，是以大國互動角度分析對台灣問題的代表著作。[13]

　　這兩類研究在本質上是相互矛盾的：以國際法角度來分析台灣地位固然能得出台灣（或中華民國）是否為主權獨立國家的結論，但目前台灣主權地位不為國際社會承認卻是強權刻意操縱的結果。但如果只注重戰略層面的分析，將台灣看成強權競逐的籌碼，也可能忽略了台灣自身的動能，或是經由國際法或國際制度解決台灣法理地位的可能性。[14] 我認為無論是「台灣問題」還是「兩岸關係」其實都是國際法與現實政治糾葛下的一種特殊現象。在國際政治上我們不難發現因外力介入導致宣示領土與實際掌握領土範圍不相符的類似案例。[15] 且目前除了台灣以外，也有巴勒斯坦、科索沃、阿拉伯撒哈拉民主共和國（Sahrawi Arab Democratic Republic）、北賽浦路斯土耳其共和國（Turkish Republic of Northern Cyprus）等國家僅

---

[12] 羅致政，〈美國在台海兩岸互動所扮演的角色—結構平衡者〉，《美歐月刊》，第10卷第1期，1995年1月，頁37-54。；Yu-shan Wu, "Theorizing on Relations across the Taiwan Strait: nine contending approaches," *Journal of Contemporary China*, Vol. 9, No. 25, November 2000, pp. 407-428.; Nancy Bernkopf Tucker, "If Taiwan Chooses Unification, Should the U.S. Care?" *The Washington Quarterly*, Vol. 25, No. 3, Summer 2002, pp. 15-28.

[13] Richard C. Bush, *Untying the Knot: Making Peace in the Taiwan Strait* (Washington, D.C.: Brookings Institution Press, 2005).

[14] 石之瑜：〈起手無悔大丈夫—迷失在依附者能動性中的美「中」戰略棋盤〉，《遠景季刊》，第4卷第2期，2003年4月，頁39-60。

[15] 其中一個案例是非洲東部外海的馬約特（Mayotte）島。該島與大葛摩（Grande Comore）、安朱安（Anjouan）、莫愛利（Mohéli）三島原為法國屬地。1975年其他三島宣佈脫離法國獨立，成立葛摩國（Comoros，現改稱葛摩聯盟，Union of Comoros），但馬約特島民兩次以公民投票方式堅持繼續成為法國屬地，該島至今仍由法國統治。葛摩聯盟宣稱對馬約特島擁有主權，並獲得聯合國與非洲聯盟認可。法國礙於國際壓力，乃稱馬約特島為自治領土（Collectivite Territoriale）。

獲得部分國家的外交承認。[16] 因此台灣問題不能算是國際政治的唯一特例，只是國際法與國際政治學者對台灣法理地位關注和其他案例比起來相對更多。其中所有關於台灣國際法地位的爭議與討論都可追溯到第二次大戰後的台灣「主權歸屬」問題。

台灣在1895年由清帝國在馬關條約中正式割讓給日本，正式成為日本國土，並受日本殖民統治達五十年之久。第二次世界大戰結束之後，中華民國政府以戰勝國姿態，派員至台北接受日軍投降，宣布台灣成為中華民國的領土，正式恢復對台行使管轄權。中華民國政府宣稱對台灣擁有主權的依據是第二次世界大戰期間，與美、英等同盟國政府共同發表的兩項關於處理戰後日本領土的原則性聲明。其中1943年12月發表的「開羅宣言」（Cairo Declaration）要求日本投降之後，將「所有竊據自中國的領土，包括滿州、台灣、澎湖等地，還給中華民國」。[17] 而1945年7月由同盟國所共同發表的波茨坦宣言（Potsdam Declaration）則重申開羅宣言中的內容，並將日本之主權限定於「本州、北海道、九州、四國及其他由戰勝國決定之島嶼」（波茨坦宣言第8條）。[18]

此後由蔣介石領導的國民黨政府與中國共產黨爆發內戰，國民黨節節敗退，並於1949年底完全撤退至台灣。國民黨政府雖然維持在大陸所使用的中華民國國號及1947年制定的憲法法統，但主權僅及台灣、澎湖、金門、馬祖等地區。然而台灣主權歸屬的爭議並未因此結束。1951年，參與第二次世界大戰的四十八個戰勝國與戰敗國日本於美國舊金山簽訂和約，

---

[16] 位於賽浦路島北部的北賽浦路斯土耳其共和國是土耳其裔所建立之國家，目前只有土耳其予以外交承認，並在其首府設立大使館。阿拉伯撒哈拉民主共和國為前西屬撒哈拉地區，自1970年代西班牙撤出後遭摩洛哥兼併，但該地人民組成之Polisario陣線自行宣布獨立建國。目前該國控制約20%領土，約有四十餘國承認。巴勒斯坦獲得95國外交承認，包括梵蒂岡教廷；2008年2月宣布獨立的科索沃迄今獲得43國外交承認。

[17] Japan National Diet Library, *Cairo Communiqué*, <http://www.ndl.go.jp/constitution/e/shiryo/01/002_46/002_46tx.html>

[18] UCLA Asia Institute, *Potsdam Declaration*, <http://www.international.ucla.edu/eas/documents/potsdam.htm>

未參與簽署的中華民國政府也在次年與日本在台北簽訂「中日和約」。在這兩份條約中，日本僅宣布放棄對台灣及澎湖地區的一切權利，但並未提到台灣主權應歸屬何國，因此引發「台灣法律地位未定論」的爭議。當然舊金山和約與中日和約中刻意規避台灣主權歸屬的做法，與美國在韓戰爆發後調整其亞洲政策，主張「台灣地位未定」以避免台灣落入共黨之手有直接關係。但美國在1970年代初改變其中國政策，開始向北京傾斜，並在1979年與中華人民共和國建立正式外交關係。這段期間美國與中國陸續簽訂「上海公報」（1972）、「建交公報」（1979）、「八一七公報」（1982），作為處理兩國政治與外交關係的主要框架。同時，在美國與台北斷交之後，美國國會也特別制訂「台灣關係法」（Taiwan Relations Act, 1979），作為美國與台灣交往、適時協助防衛台灣的法理依據。「三報一法」規範了當前美國處理兩岸問題的界線。這條界線，簡言之，就是希望台灣與大陸以最終和平方式解決彼此歧見；在此之前，美國有義務維持台海之間的穩定與和平。「維持現狀」取代過去的「台灣地位未定論」成為美國處理台灣問題的最高原則。冷戰時期美國與台灣之間的特殊聯盟關係讓日後的美國對兩岸問題擁有無上的發言權，美國逐漸成為台海兩岸互動過程中的「結構平衡者」（structural balancer）。[19]

　　雖然「維持現狀」是強權美國所創造的產物，但其決策者卻從未以任何法律或條約的方式宣告維持現狀的內涵。美國前國務院副發言人，後任華府智庫史汀生中心東亞研究室主任容安瀾（Alan Romberg）在2004年發表的一場演講中，認為美國布希政府對維持現狀的基本看法是：「台北與北京都不將其定義的主權強加到對方，藉以維持台灣海峽和平與穩定的狀態」（The United States views the status quo as a state of peace and stability in the Strait and believes that maintaining that requires no party seek unilaterally to press its definition of sovereignty on others）。[20] 這個定義十分貼近現況，

---

[19] 羅致政：〈美國在台海兩岸互動所扮演的角色──結構平衡者〉，《美國月刊》，1995年1月，頁46。

[20] Alan D. Romberg, "US Policy after the Taiwan Election: Divining the Future," Address to the SAIS China Program, March 10, 2004, <http://www.stimson.org/china/pdf/AfterTaiwanElection.pdf>

但也說明了維持現狀的結果就是台灣的主權地位遭到刻意模糊。因此維持現狀可說是在美國可以主導下，台灣與大陸共同遵守的默契。[21] 北京與台北的決策者之所以願意支持維持現狀，是因為雙方皆默認在找出最終解決台灣地位的方式之前，刻意模糊台灣地位是維持台海穩定的唯一方法。因此在三方共識之下，北京既可宣稱台灣是中國的一部分，並表示不放棄追求國家統一的最終目標，但實際上其管轄權不及台灣。台灣可維持「中華民國」的國號，以憲法上「一個中國原則」來維持實質獨立但不宣布獨立。而美國一方面以「三公報」承認中華人民共和國政府為中國唯一合法政府，並奉行「一個中國」原則，反對台灣獨立；但另一方面繼續以「台灣關係法」作為台灣遭受中國攻擊時協助防衛台灣的法理依據。在過去二十多年來，美國小心翼翼地以維持現狀之名操縱台北與北京二者之間的平衡，避免任何一方做出危及台海現狀的舉動。[22] 維持現狀政策之所以能被有效執行，有賴於美國、中國與台灣三方分別做出一定的承諾：台灣不正式宣布獨立，中國不對台動武，而美國以其軍事與政治影響力維持台灣與中國之間的和平。

　　然而政策上的模糊也可能成為維持現狀政策最大的問題。這些問題歸納起來有四類：

第一，由於台美中三方均未對「維持現狀」做出明確定義，因此難以解釋何種行為屬於「破壞現狀」。

第二，台美中之間並未創造出一個使「維持現狀」穩定運作的機制，美國只能單方面要求台北與北京對維持現狀做出承諾。

---

[21] 國內學者裴兆琳表示，即使美國政府也未對「現狀」（status quo）維持一貫的看法：「在1950到1978年之間，美國認為的兩岸現狀是台北的中華民國政府代表全中國；1979年之後，美國政府態度做出一百八十度改變，認為應由中華人民共和國政府代表全中國。換言之，真正決定美國政府對台海現狀的態度是當時美國的國家利益。Jaw-Ling Joanne Chang, "New Dimensions of US-Taiwan Relations," *American Foreign Policy Interests*, Vol. 26, No. 4, August 2004, pp. 309-315.

[22] Kenneth Lieberthal and Derek Mitchell, "Crisis in the Taiwan Strait," *Foreign Affairs*, Vol. 80, No .4, July/August 2001, p. 14.

第三，維持現狀政策無法處理來自台灣與中國內部對改變現狀的壓
　　　力。中國社會裡逐漸升高的民族主義情緒與台灣社會要求的獨
　　　立的聲音都有可能直接挑戰此政策的效力。

第四，由「維持現狀」的運作方式來看，只要台灣、中國、美國三方
　　　之間的任何一方決定背棄對維持現狀的承諾，整個政策就可能
　　　崩潰。

　　之所以會出現這些問題，是因為維持現狀從來就不是解決台灣問題的
方法，只是三方為避免衝突所運用的策略。對北京而言，台灣與大陸統一
仍然是不可取代的最高價值；對美國而言，保持台海穩定和平，並保有介
入台海危機的權力是美國現階段的最高利益。換言之，「維持現狀」政策
能夠持續至今的根本原因，是因為北京與華盛頓之間對台灣問題的立場在
本質上是衝突的，因此維持現狀是一種避免美中走向直接對抗的妥協策
略。只要美國與中國對台灣問題的立場矛盾，維持現狀不啻為保障台海和
平、也是保障台美中之間戰略平衡的理想安排。在這裡我嘗試以美中關係
（合作或衝突）與台灣態度（接受或抗拒現狀）作為兩個變項，得出一個
簡單的模型（見圖7.1）。

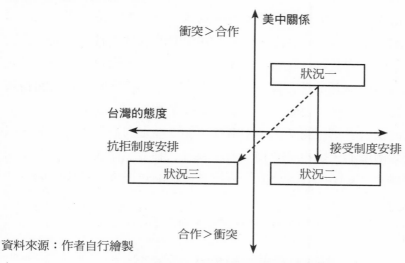

資料來源：作者自行繪製

圖7.1　美中關係與台灣選擇

　　過去其他分析美中台關係的模型多只能列出美中之間或是台海兩岸之間的互動，但這個模型能顯示美中台三邊競合下的可能情況。對台灣而言，只要美中關係的本質是衝突大於合作，則台灣大可放心地繼續支持維持現狀政策，因為美國絕對不會犧牲台灣來換取與北京的合作，此一情形在圖7.1中以「狀況一」表述之。美國總統小布希2001年上台初期的美中台三邊關係基本上符合此一狀況：台灣在美中台三邊關係中屬於被動角色，美國與台灣關係相對友好穩定，美國認定中國之間衝突多於合作。[23] 2001年4月初，美軍海軍EP-3偵察機在海南島上空與一架中共海軍戰鬥機發生擦撞，導致中共戰機墜毀，飛行員王偉喪生，美國偵察機迫降海南島；4月下旬，布希接受電視訪問時表示：假如北京對台灣發動攻擊，美國將「不計一切代價協防台灣」（do whatever it takes to defend Taiwan from any Chinese attack）。[24] 此時中美關係緊繃，剛上台的民進黨政府相對感到安全，甚至對大陸方面釋出「台灣可以接受憲法一中」的善意。

　　但如果美中關係走向合作多於衝突，台灣的空間將被急遽壓縮，在台海政策上失去主導權，只能任憑兩大強權擺布。這種情形在上圖中以「狀況二」表述之。一個比較接近的實例是1998年6月，當美國總統柯林頓訪問上海時，公開申明了在美國「一個中國」概念下的對台「三不政策」——不支持台灣獨立、不支持一中一台與兩個中國、不支持台灣參加以國家為主體的國際組織。這是美國總統首度在公開的場合中表示美國的「三不政策」，象徵美國在對台政策上向北京傾斜，此後一段時間台灣在對大陸政策上無法找到適當的著力點。1999年7月李登輝總統發表的兩國論談話似乎也是為了打破此一局面，只是效果並不顯著。

　　當台北的決策者真正認知到美中關係可能逐漸走向合作大於衝突的趨勢，危機感逐漸增加，抗拒美中聯手將台海現狀制度化便成為一種合理的反應。這種情形在圖中以「狀況三」表述之。2004年以來，美國與中國之

---

[23] 于有慧，〈近期兩岸關係中的美國因素〉，《中國大陸研究》，第44卷第8期，2001年8月，頁1-21。

[24] "Bush vows 'whatever it takes' to defend Taiwan," *CNN website*: <http://edition.cnn.com/2001/ALLPOLITICS/04/25/bush.taiwan.03/>

間的關係再度出現合作大於衝突的趨勢。美國前副國務卿佐立克（Robert Zoellick）在2005年9月份提出「負責任的利害關係人」（a responsible stakeholder）的概念，作為對中國近年來在經濟與政治上快速崛起的正式回應。[25]「狀況三」可以解釋何以民進黨政府在中美關係轉好之後企圖改變現狀的一連串作為：2006年1月的廢統、2007年5月宣布將以台灣名義申請加入世界衛生組織、2007年6月設定在總統大選時舉辦入聯公投。對決策者而言，這些策略不僅是避免台灣在台美中戰略互動下走向邊緣化的最佳選擇，也是企圖在台美中三方角力過程中提高台灣籌碼的作法。

　　理論上來說，中國與美國都具有單方面改變兩岸關係的能力：只要北京領導人正式宣布放棄對統一的堅持，並承認台灣（或中華民國）為一個主權獨立的國家，兩岸僵局將立刻迎刃而解。台灣不僅可大方宣布獨立，還能以主權國家身分重返國際社會，如同波羅的海三國在1990年宣布獨立的行動於1991年9月獲得蘇聯正式承認一般。只是北京政府在短期內會這麼做的機會幾乎等於零。另一方面，如果美國決定不計一切代價支持台灣成為獨立國家，或協助台灣重返國際社會，則台灣就可不顧北京態度而逕行宣布獨立，只是在目前的情況下美國會採取此一政策的機會也不大，因為這會導致美國與中國開戰。因此從長期來看，讓台灣保持現狀將是北京與華盛頓之間的最大利益，雙方也會逐漸在台灣問題上採取比較一致的立場。這使得台灣本身的立場變得更為關鍵。[26]

　　在台灣政治發展的過程中，社會上對未來地位的看法一直是以「統獨問題」的形式表現出來。由於兩岸關係在過去很長一段時間呈現出「經濟熱、政治冷」的畸形現象（兩岸經濟往來熱絡，但政治關係緊繃），因此統獨問題逐漸轉化為「中國市場」與「中國威脅」兩種論述。與這兩種論

---

[25] Mumin Chen, "Will China Become a Responsible Stakeholder?" *Views and Policies: Taiwan Forum*, Vol. 3, No. 1, September 2006, pp. 35-54.

[26] 石之瑜便認為，在美中台三邊互動的過程中，台灣本身具有一定的能動性，且此一能動性是不能被決策者或外在結構所掌握。見石之瑜：〈起手無悔大丈夫－迷失在依附者能動性中的美「中」戰略棋盤〉，《遠景季刊》，第4卷第2期，2003年4月，頁39-60。

述一直是台灣政治上藍綠兩大陣營建構其兩岸關係論述的意識形態來源。各政黨透過政治語言操作與選舉動員，成功地將這兩種形象分別轉化為統一與獨立兩個選項，台灣人民自然地成為這兩種中國形象論述方式的消費者。其中「中國威脅」論的假設是對中國未來走向的不確定與不信任。這種論述一方面認為大陸目前快速經濟發展其實隱含著巨大風險：特別是城鄉貧富不均、官僚體系貪腐，以及政治專制等問題並未隨著改革開放而獲得順利解決。因此中共領導人必須不斷的強調民族主義與愛國主義以強化其統治基礎；另一方面也有人認為中國軍事現代化正為未來躍升為世界強權奠定堅實基礎。在經濟實力累積到一定程度之後，中國必定會成為以更強硬的態度保障其國家利益，甚至企圖擴張在亞洲的勢力範圍。台灣因為自身特殊的戰略位置，必然成為中國對外擴張的跳板。「中國市場」論則以經濟全球化為出發點，預測中國領導階層為了維持其統治基礎，一定會繼續堅持改革開放政策，以創造經濟利益換取人民對現有政權的支持。由於各國間經濟整合程度不斷增加，再加上中國對外開放的承諾不變，將使得中國快速且全面地融入世界經濟，進而轉型為一個負責任的政治與經濟大國。對台灣而言，這種論調認為如果台灣繼續自外於大陸市場之外，不僅資源都會被擋在台灣之外，也會讓台灣更快速的邊緣化。

　　「中國威脅論」與「中國市場論」逐漸構成台灣政治上對中國態度的兩個主要輿論板塊，並被簡化成「獨立」與「統一」兩個選項；統獨問題也成為台灣政治光譜上的兩個極端，長期牽動整個島內的政治競合。2000年民進黨上台執政，為台灣正式進入中國威脅論的實驗階段。

中國威脅論的實驗

　　在2000年至2008年的執政期間，民進黨政府內非常積極的建立一套凸顯以台灣主權獨立、抗拒中國威脅為目的的國家安全論述。這套安全論述的典型內容可見第一章所引陳隆志教授文。我們可以將其簡化為以下幾點：

1. 台灣是一主權獨立的國家；
2. 中國是台灣存在的最大威脅；
3. 中國雖然經濟發展迅速並積極對外開放，但不改專制與窮兵黷武之本色；
4. 中國至今仍宣稱台灣為其領土，且威脅以武力解決台灣問題；
5. 為維護台灣的主權地位，台灣必須積極參與國際社會，藉由國際社會對台灣主權獨立的認可來抗拒中國對台威脅[27]。

　　這一套安全論述在邏輯上最重要的特徵是將台灣獨立與中國威脅這兩個概念聯結在一起：在北京的中華人民共和國政府至今仍然主張台灣是其領土不可分割的一部分，拒絕承認台灣在現實上是獨立的政治實體，因此中國威脅是台灣獨立的最大障礙。但台灣是否能成為獨立國家與中國是不是威脅這兩個命題之間是否有必然關係？其實從早年主張台灣必須獨立建國的相關書籍中並沒有找到中國是台灣威脅的內容：1999年出版，由許慶雄所著的《台灣建國的理論基礎》一書中並沒有提到「中國是台灣生存的威脅」，他認為台灣獨立建國最大的障礙其實是「中華民國法統」。[28] 因此台灣獨立與中國威脅之間的聯結是民進黨上台執政後兩岸政治互動惡化的結果。這個問題有必要進一步分析。

　　如上所述，1950年舊金山和約與1952年的中日和約都刻意規避台灣主權歸屬的做法，與美國在韓戰爆發後為避免台灣落入共黨之手，改主張「台灣地位未定」有關。但美國在1970年代初改變其中國政策，並在1979年正式與北京建交後，已經正式確立「一個中國」政策後，台灣在國際上的地位逐漸由「主權未定論」發展到目前的「維持現狀」。維持現狀是美國維持兩岸間和平，並保有對台海事務介入權的基本架構，但這個架構的代價就是犧牲台灣成為正常國家的權利。且由於1971年中華民國在聯合國

---

[27] 陳隆志，〈民主化與國家安全〉，《自由時報》，2006年1月27日，<http://www.libertytimes.com.tw/2006/new/jan/27/today-o3.htm>

[28] 許慶雄，《台灣建國的理論基礎》，（加入聯合國聯盟，1999年），頁47-89。

的會籍遭中華人民共和國取代後，一直被排除在國際社會的基本運作之外，自認為國際孤兒的悲情籠罩在社會之上，追求獨立、正名便成為一個非常吸引人的政治口號。1986年成立的民進黨，正式把追求台灣主權獨立，建立新國家作為該黨的正式主張。2000年民進黨上台執政，進一步提供了實現這個政治目標的機會。

　　但在美國與中國均反對台灣走向獨立的現實限制下，台灣要凸顯主權獨立並不容易。在台灣社會由威權走向民主的初期，特別是1986年與1991年間，社會上曾出現各式各樣標榜制憲建國的運動或建議，包括「台灣共和國憲法草案」、「民主大憲章」、「台灣人民制憲會議」及「建立新國家」等運動。但1991年年底舉行國民大會全面改選，民進黨標舉的制憲訴求只得到24%的選票，不到總席次四分之一。民進黨檢討失敗原因，決定改走體制內改革路線，以選舉取得執政權力。[29]「制憲」與「建國」在往後十多年內成為民進黨內的邊緣主張。1990年代末期，當民進黨已經逐漸展現出可以在選舉中擊敗國民黨而取得執政權的實力時，開始對台灣的主權問題採取一種「承認現狀」的策略：宣稱台灣已經是一個獨立國家，只是因為種種原因，而不得不繼續使用中華民國的名稱。1999年的台灣前途決議文、陳水扁就職時的四不一沒有，以及2000年底關於「憲法一中」的辯論都是這一個策略下的產物。[30]

　　在民進黨執政約兩年之後，黨內決策者對台灣主權問題的態度開始轉變，此後對外戰略的主要目標是逐步將台灣事實獨立（de facto independence）轉化為法理獨立（de jure independence）。依照當時決策者的構想，實現法理獨立的過程需要達到以下幾個目標：

---

[29] 陳儀深，〈台灣制憲運動的回顧〉，《群策會網站》，2004年11月，<http://advocates. tomeet.biz/wooooa/front/bin/ptdetail.phtml?Part=seminar02&PreView=1>

[30] 2000年11月，高雄市長謝長廷在市議會接受質詢時，首度表示應以「憲法一中」的概念為台灣的定位解套。謝的說法立刻在民進黨內引起許多爭論，反對者認為如果民進黨以「憲法一中」的方式接受一個中國原則，不啻向北京投降。陳總統在2001年跨世紀元旦祝詞中宣示「依照中華民國憲法，『一個中國』原本不是問題」，等於以間接方式默認「憲法一中」原則。

1. 向國際社會宣示台灣與中國為互不隸屬；
2. 台灣能夠單獨執行只有獨立主權國家才能行使的權利；
3. 向國內與國際社會宣揚中國對台灣的野心是區域安全穩定的重大威脅；
4. 中國反對台灣的作為將使其陷入兩難：如果以武力威脅台灣，將會傷害自身形象；如果坐視而不作為，也將會傷害自身的威信。

為了推行這套論述，民進黨政府在2002年年中之後陸續推出幾個重大的政治口號或運動。名稱及時間如下：
1. 提出一邊一國論2002年8月；[31]
2. 公投法立法，2003年5月－11月；[32]
3. 制定新憲運動，2003年9月－2005年6月；[33]
4. 防衛性公投，2003年11月－2004年3月；[34]
5. 廢除國統會與國統綱領，2006年2－3月；[35]

---

[31] 2002年8月陳水扁以視訊方式對日本台灣同鄉會演講，首次提出「台灣與中國，一邊一國」的說法。

[32] 2003年5月，陳水扁總統首次提出應以公投方式讓台灣加入世界衛生組織，此後公投法立法院成為朝野攻防的焦點。最後該法在2004年11月底三讀通過。

[33] 2003年9月28日，尋求連任的陳水扁在民進黨成立十七週年的慶祝晚會上首次正式宣布，民進黨未來的目標是與台灣人民在2006年「共同催生一部台灣新憲法」。新憲議題在2004年總統大選期間成為議題焦點。連任成功的陳水扁總統在2004年5月20日的連任就職演說中重提「制訂新憲法」的說法，宣布就職後將組「憲政改造委員會」，邀請朝野政黨、法界、學界及各領域階層代表參與，提出合乎社會共識的憲改方案，但此一構想最後在國民黨與親民黨抵制下無疾而終。

[34] 2003年11月公投法通過後，陳水扁立刻以總統身分援引其中17條防衛性公投條文，表示中國對台灣的文攻武嚇已經構成現實威脅，將在2004年總統大選時同時舉辦公投。該公投在2004年3月20日舉行，但投票率並未超過有效門檻。

[35] 2006年農曆春節期間，陳總統突然提出將廢除國家統一委員會（簡稱國統會）及國家統一綱領（簡稱國統綱領）。2月27日，陳總統在國安會議中宣布將正式廢除國統會及國統綱領，但以國統會「終止運作」（cease to function）、國統綱領「終止適用」（cease to apply）的方式，為此政策定調。

6. 以台灣名義加入聯合國，2007年5月；[36]
7. 公投入聯，2007年6月－2008年3月。[37]

　　由於中國大陸持續對台軍事佈署並封鎖台灣外交空間，使得「中國威脅」論在台灣社會上具有一定的支持基礎。「中國威脅」原本並非台灣獨立的必要條件，但在中國以上千枚飛彈瞄準台灣的現實威脅下，任何抗拒中共武嚇、彰顯台灣主體性的動作，包括發動防衛性公投、牽手護台灣、甚至正名制憲，似乎都變得合情合理。這一系列台灣安全論述的最高峰是在2008年3月的總統大選時同時舉辦「入聯／返聯公投」。只是社會並未對中國是否已經威脅到台灣生存一事產生共識，也不認同以挑戰現狀的手段來凸顯主權獨立，最後的結果是公投失敗、民進黨敗選下台，「中國威脅」論喪失在台灣言論市場的主導地位。

中國市場論與台灣安全

　　2008年3月18日，國民黨總統候選人馬英九以58%的得票率贏得總統大選。國民黨的勝選不僅改變了國內政治生態，也完全改變了兩岸互動的方式。國民黨對台灣安全狀態的論述是建立在「中國市場」的假設上。自從2005年國民黨主席連戰與親民黨主席宋楚瑜分別訪問大陸之後，「中國市場」論逐漸成形，成為對兩岸關係論述的另一種看法。民進黨連續在2004年立委與2005年縣市長選舉中敗陣，也表示台灣選民已經意識到在悲壯地抗拒中共武嚇之外，兩岸之間其實可以有另一種發展的可能。這套安全論述可以歸納為以下幾點：

---

[36] 2007年5月間，總統府召開記者會，宣布陳總統將代表政府致函世界衛生組織（WHO）秘書長陳馮富珍，正式以「台灣」名義申請成為WHO的新會員國。

[37] 2007年6月19日，陳總統宣布將在2008年總統大選時一併舉行「以台灣民意加入聯合國」的公民投票。其後並透過友邦國向聯合國大會提出「以台灣民意申請加入聯合國」之申請書。國民黨也提出返聯公投案以為反制。兩公投案在2008年大選均未通過。

1. 現階段台灣主權問題的立場是不統、不獨、不武的維持現狀政策。
2. 台灣安全最大的威脅，不是崛起的中國軍事力量，而是台灣因為畏懼中國而採取的鎖國孤立政策。
3. 擁抱中國市場而非抗拒中國是維持台灣經濟命脈的唯一道路。
4. 兩岸可藉由經濟上的合作改變彼此互動的方式，建立和平、互信的兩岸關係。

　　2008年5月20日馬英九正式上台執政後，即秉持競選期間所宣示的「不統、不獨、不武」基調，陸續對兩岸政策進行大幅度鬆綁，並推動兩岸復談。從7月4日兌現的第一張競選政策支票——兩岸週末包機起飛、大陸觀光客首發團來台迄今，新政府陸續推出二十餘項關於兩岸的新政策，幾乎將民進黨執政時期所設下的限制項目全部放行。6月12日，海基會董事長江丙坤在北京與大陸海協會會長陳雲林簽署了「海峽兩岸包機會談紀要」及「海峽兩岸關於大陸居民赴台灣旅遊協議」；11月初，陳雲林率團來台進行正式訪問，期間雖遭遇民眾抗議，但仍與海基會董事長江丙坤簽署了「海峽兩岸空運協定」、「海峽兩岸海運協定」、「海峽兩岸郵政協定」、「海峽兩岸食品安全協議」等四項協議，進一步將兩岸交通往來常態化。2009年4月，第三次江陳會談於南京舉行，兩岸進一步簽署了「兩岸共同打擊犯罪與司法互助協議」、「兩岸金融合作協議」、「兩岸海空運補充協議」等三項協議，雙方並就引介陸資來台達成共識。表7.1為馬政府就職後就兩岸關係所發表的主要措施。

　　由已公布實施的兩岸政策內容來看，經貿相關規範所占的比例最高，不難看出經貿問題在新政府決策者心中的份量。就實際數字來看，2007年大陸占台灣出口比重為30.1%，進口比重為12.77%，進出口整體比重為21.94%；2008年大陸占台灣出口比重為28.94%，進口比重為13.04%，進出口整體比重則為21.22%，與往年並未有太大差別。至於大陸對台灣貿易占中國整體外貿之比重自1990年代中期之後變呈現穩定下跌的趨勢，其中出口比重自2000年最高峰的2.5%下跌至2008年的2.2%；進口比重自1997年

表7.1 馬政府就兩岸關係所發布的主要措施（2008年5月至2009年4月）

經貿類
・開放台灣地區辦理人民幣兌換業務（2008年6月30日實施）
・放寬兩岸證券投資（2008年 6月26日起陸續實施 ）
・放寬大陸投資金額上限及審查便捷化（2008年8月1日實施）
・鬆綁海外企業來台上市（7月31日實施）
・開放大陸合格境內機構投資人（QDII）來台投資證券與期貨市場（2008年12月4日實施）
・研議開放陸資來台投資愛台12建設相關工程產業（行政院規劃中）
・研議開放國內保險業投資大陸股、債與不動產，總額在國外投資額度的10%以內（行政院規劃中）
・簽訂兩岸金融合作協議（第三次江陳會談簽署協議之一 ）
交通運輸類
・實現兩岸週末包機（第一次江陳會談簽署協議之一；2008年7月4日啟航）
・擴大放寬金馬小三通（2008年6月19日發布實施）
・小三通正常化（2008年9月30日完成相關政策調整措施）
・澎湖納入小三通（2008年10月15日實施）
・落實兩岸海運、空運協議與郵政合作（第二次江陳會談簽署協議之一；12月15日正式生效）
・簽訂兩岸海空運補充協議（第三次江陳會談簽署協議之一）
・簡化大陸專業人士來台申請程序與時程（2008年7月31日實施）
文化教育類
・恢復新華社及人民日報來台駐點採訪，並且開放5家大陸地方媒體來台駐點；放寬大陸媒體來台駐點記者在台停留時間（2008年6月30日實施）
・放寬大陸學生來台研究修習的時間為一年（2008年10月24日經教育部修正公布）
・放寬大陸人士赴金馬澎湖就讀我大學校院開辦的推廣教育學分班，並放寬國內大學赴大陸辦理推廣教育（2008年11月3日經教育部修正後公布）
・開放大陸東南衛視及福建日報社等地方媒體派遣記者來台駐點採訪（2008年11月13日宣布）
・有限度開放大陸學生來台就讀，並承認大陸學歷採認（送請立法院審議中）
社會類
・開放大陸人民來台觀光（第一次江陳會談簽署協議之一；2008年7月18日實施）
・核准香港貿發局來台設立分公司，為香港半官方機構來台設立辦事機構首例（2008年10月16日核准）
・簽署兩岸食品安全協議（第二次江陳會談簽署協議之一；2008年11月11日生效實施）
・研修兩岸條例以保障大陸配偶權益（送請立法院審議中）
・簽署兩岸共同打擊犯罪與司法互助協議（第三次江陳會談簽署協議之一 ）
政治類
・放寬縣市長赴大陸地區交流（7月3日公布實施）

資料來源：行政院陸委會，作者自行整理

最高峰的15.77%下跌至去年的6.53%。[38] 這些趨勢似乎並未受到台灣方面經貿政策鬆綁的影響，而台灣對大陸在貿易上的重要性逐漸下降。兩相比較下，可發現兩岸經貿互動愈趨緊密，台灣依賴大陸市場的情形將更為明顯。

其次，在兩岸關係發展過程中，交通與直航方面進展速度最快、效果也最明顯。其中又以客運包機與大陸觀光客來台最受矚目。自去年7月開始，台灣方面宣佈以每日上限3,000人的幅度接待大陸觀光客，但結果明顯不如預期：從7月到12月，大陸來台旅遊總人數為6萬1,000人次，每日平均遊客量僅300人次，只有每日3,000人上限的十分之一。其主要原因在於北京方面一開始僅開放北京等13個省市居民來台旅遊，另一方面限定只有33家旅行社得以承攬陸客赴台觀光業務。為了解決此一問題，兩岸最近已協商同意適度放寬組團人數、保證金等規定；大陸海協會更在2009年1月21日宣布再開放12個省的居民來台旅遊，使開放的省市數達到25個。因此自2009年農曆春節後，陸客來台觀光人數突然爆增。經濟效益也逐漸浮現：我國今年首季國際收支餘額的「服務收支」項目，由去年同期的逆差0.1億美元，轉為順差6億美元。本季旅行收入較去年同期增加17.5%，顯為開放陸客來台觀光所帶來的收益。[39]

在兩岸客運直航方面，平日包機與航線截彎取直在2008年12月15日正式啟動。第一階段每週有108個航次（台灣與大陸各飛54航次），停靠大陸21個航點，每月乘客容量約為4萬7,000人次。2009年4月26日第三次江陳會談簽訂的兩岸海空運補充協議進一步將班次增加為270班（台灣與大陸各飛135個航次），大陸方面同意增加六個航點。進一步觀察，可發現目前所有的包機乘客中，台灣與大陸乘客比例約為五比一，這顯示來往兩岸之台商與赴大陸旅遊之台籍觀光客為兩岸客運直航的最大受益者。

---

[38] 相關數據均取材自行政院陸委會網站，<www.mac.gov.tw>

[39] 曾志超，〈台灣經濟情勢與兩岸深入合作方向〉，《中央日報網路版》，2009年5月28日，<http://www.cdnews.com.tw/cdnews_site/docDetail.jsp?coluid=110&docid=100781570>

在政治方面，國民黨重新執政後的兩岸關係的確呈現出與民進黨執政時期完全不同的面貌。馬英九在就職之初，首先提出與大陸簽訂「綜合性經濟合作協定」（Comprehensive Economic Cooperative Agreement, CECA）與「兩岸和平協議」的看法，這兩個概念在往後幾個月內逐漸成形，成為新政府對未來兩岸關係的明確主張之一。[40] 中國國家主席胡錦濤則等到去年12月底，才藉著告台灣同胞書發表三十週年紀念活動的機會，提出了兩岸關係的六點方針（媒體稱為胡六點）作為回應。胡六點內容包括提倡兩岸簽訂綜合性經濟合作協議，以協商方式結束兩岸敵對狀態，並承諾將以適當方式解決台灣參與國際組織問題。[41] 與過去幾次談話比較，胡六點的基本立場是在「一中」原則的前提下呈現出更多的彈性。可見大陸對台政策是在盡量不觸及主權的前提下促成兩岸的政治和解與經濟整合。

中國威脅論與中國市場論究竟何者對台灣更為有利？以下將嘗試從安全論述的三個面向來加以解釋。

第一，從權力關係角度來看，中國威脅論成功與否端賴政治菁英能否創造出一套權威性解釋，並且企圖影響一般大眾接受這樣的論述。在民進黨政府在執政期間，多次利用選舉等政治活動逐次宣揚中國對台灣的武力威脅。作為具有民意基礎的政黨，民進黨當然具有相當的優勢推行中國威脅論述，但是我們也可發現在這八年期間，「維持現狀」一直是島內民意對統獨議題的主流意見（見圖7.2），而認知到北京政府對台灣人民與政府敵意的比例在2004年總統大選期間到達最高峰之後便逐漸下降（見圖7.3）。另一方面，大陸占台灣出口比重由2000年（民進黨上台執政）的16.46%增加到2008年的28.94%，進口比重則由4.43%增加到13.04%，台灣

[40] 中華民國總統府，〈總統副總統接見美國慶賀團〉，《總統府新聞稿》，2008年5月20日，<http://www.president.gov.tw/php-bin/prez/shownews.php4?issueDate=&issueYY=&issueMM=&issueDD=&title=&content=%BA%EE%A6X%A9%CA%B8g%C0%D9&_section=3&_pieceLen=100&_orderBy=issueDate%2Crid&_desc=1&_recNo=2>；〈中華民國第12任總統馬英九先生就職演說〉，《總統府新聞稿》，2008年5月20日，<http://www.president.gov.tw/php-bin/prez/shownews.php4?Rid=14000>

[41] 〈紀念告台灣同胞書三十週年，胡錦濤發表重要講話〉，《國務院台灣辦公室》，2008年12月31日。

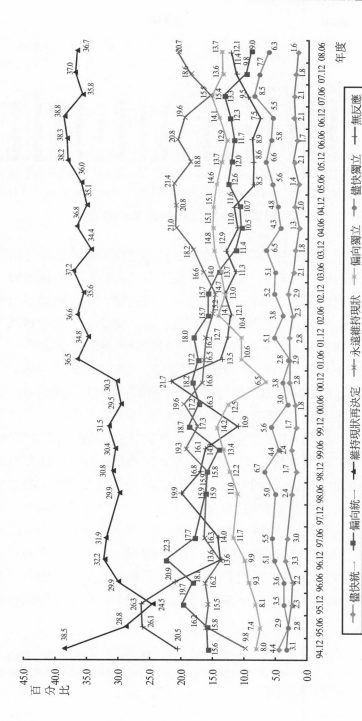

圖7.2　台灣民眾對統獨立場趨勢分析

資料來源：政大選研中心，〈台灣民眾統獨立場趨勢分析〉，<http://esc.nccu.edu.tw/newchinese/data/tonduID.htm>

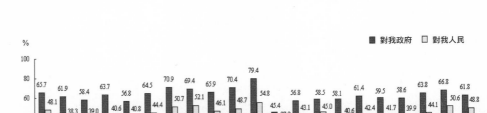

資料來源：陸委會，〈民眾對當前兩岸關係之看法〉民意調查，<http://www.mac.gov.tw/>

圖7.3　台灣民眾認知中國政府對台灣的敵意

與大陸經濟走向相互依存的趨勢顯然沒有受到政治關係緊繃的影響。這些現象顯示出民進黨政府並沒有能力將中國政府對其的敵意轉化為民眾對中國的敵意。在選民對中國威脅是否存在看法不一致的情況下，繼續推行挑戰兩岸現狀的政策並不能獲得人民認同。因此在權力關係上，民進黨並不能在國內創造出一個多數人民支持且符合其本身意識形態的安全論述。

國民黨新政府上台時擁有相當高的民意基礎（58%的總統選票與72%的立法院席次），具有足夠的力量推行新的兩岸關係論述，也因此得以直接對兩岸政策進行鬆綁，並讓海基會與海協會順利復談（即三次江陳會談）。因此對馬政府而言，能夠說服人民的最好方式是證明緊密的兩岸經貿關係有利於台灣的經濟發展，或是證明北京政府會因兩岸關係緩和而對台灣釋出真正的善意。惟過去幾個月來，因美國次級房貸風暴所引發之金融海嘯席捲全球，台灣經濟受到嚴重的衝擊。再加上大陸自北京奧運結束後國內需求趨緩，其內部經濟情勢已經日趨嚴峻，未來是否有餘力協助台灣振興經濟不無疑問。據中國商務部統計，2009年1至2月大陸與台灣貿易額只有106.8億美元，較2008年同期下跌47.9%。其中大陸對台灣出口下跌了38.7%；大陸自台灣進口則下跌49.9%。[42] 這個趨勢將削弱國民黨政府論

---

[42] 〈中國商務部：今年前二月兩岸貿易額降47.9％〉，《中央社》，2009年3月20日，<http://www.cna.com.tw/ShowNews/Detail.aspx?pSearchDate=&pNewsID=200903200156&pType0=CN&pType1=EM&pTypeSel=0>

述其安全政策的權力基礎，進而讓人民對台灣是否必須無限度對大陸開放產生懷疑。

　　第二，由國際政治秩序來看，民進黨政府試圖讓國際社會承認台灣主權獨立於中國大陸之外的方式，來保障台灣的主體性與獨立性。但是這個做法首先會挑戰到國際社會對台灣問題的基本態度：反對單方面以任何形式的改變台海現狀。主權所形成的國際體系本身便具有保守與維持現狀的成份，台灣的主權地位更牽涉到在東亞地緣政治上幾個具有現實利益的強權之間實力的競合。台灣追求法理獨立意謂挑戰國際社會對台海秩序狀態的認知，因此不僅難以獲得國際社會的同情，反而被其他國家視為麻煩製造者。2004年3月總統大選時台灣舉行防衛性公投；2006年陳水扁宣布廢統；2007-2008年民進黨政府全力推行台灣加入聯合國運動。美國政府對這三件事都明確表示反對立場，最後甚至到了對扁政府的作為刻意忽視的態度。美國卡內基基金會研究員史文（Michael Swaine）在2004年3/4月份的《外交事務季刊》（*Foreign Affairs*）中，對民進黨政府刻意以公投來凸顯台灣主權獨立的作法做出如此的評論：

> 這樣的做法將嚴重損害台灣的政治體系的運作，並且否定台灣過去基於一個中國原則所建立的主權主張。……即使台灣沒有正式宣布獨立，北京可能因此認定和平統一無望，美國與中國因台灣開戰的機率大大增加。[43]

　　國民黨政府的作法是完全不挑戰國際社會對台灣問題的看法，而是透過與北京關係的緩和來改善台灣所處的困境。只是此一策略最後是否成功仍在未定之天。

　　第三，中國作為威脅來源的建構。台灣安全論述的前提是將中國描述為窮兵黷武的霸權，其主張不惜以武力解決台灣問題的說法暴露出其擴張

---

[43] Michael D. Swaine, "Trouble in Taiwan," *Foreign Affairs*, Vol. 83, No. 2, March/April 2004, p. 39.

的野心。但是中國在近年來非常積極建構和平負責的國際形象，並且獲得一定程度的效果。中國在2001年，中國與東協十國簽署「南海各方行為宣言」，2003年進一步簽署「東南亞友好合作條約」，成為第一個加入該條約的區域外大國；美國在2005年創造出負責任的利害關係人概念來詮釋對中國的關係；印度也在2005年與來訪的中國總理溫家寶簽署聲明，承諾兩國將共同建立「面向和平與富庶的戰略夥伴關係」。

　　這些發展都顯示國際社會並不認同中國崛起是對區域安全穩定的威脅，台灣本身也無力完全扭轉中國所刻意建構的正面國際形象。即使國際社會中的某些人並不樂見中國崛起，但這些主張並未將北京對台灣的壓力解讀為中國威脅。2003年12月當台灣政府堅持必須在總統大選時主辦防衛性公投時，日本最大的英文媒體日本時報（Japan Times）甚至在社論中呼籲台灣不應該成為美國在亞洲戰略目標的障礙；美國應該明確告訴台灣其對台灣的支持是有限度的。[44]

　　總之，我認為「中國威脅論」失敗的主要原因是民進黨政府並沒有能力在國內說服社會大眾接受其國家安全論述；在對外宣揚主權獨立的過程中忽略了國際社會反對片面改變台海現狀的共識；在國際社會上台灣本身無力推廣中國崛起是威脅的理念。如果在2000年之後台灣的政治發展出現以下的狀況，民進黨政府追求法理獨立的策略或許會成功：社會上多數民意都認同台灣必須走向獨立的主張，也認同民進黨政府以激化兩岸關係來凸顯台灣主權獨立事實的做法；亞洲各國認為台灣由實質獨立轉變為法理獨立的過程不會改變基本的地緣政治架構，也不會損害任何國家所認知的利益；國際社會普遍對中國的走向感到憂心，認定中國崛起必會對周遭國家產生威脅，因此必須以實際行動加以遏止。但以上所設定的情況並未發生，民進黨政府所推行的「中國威脅」安全論述最終失敗。國民黨新政府的作法是藉由兩岸和解與政策鬆綁將兩岸關係導引到一個新的遊戲規則之

---

[44] 原文為：Taiwan must not become an obstacle to the accomplishment of Washington's strategic objectives…. The U.S. should send an unambiguous message that its support for Taiwan has limits. *Japan Times*, December 9, 2003.

上，但在此一過程中忽略了在社會上先形成共識的必要性，且不確定這一系列對大陸展現的善意最終是否會換得北京對台灣的政策調整。中國市場論仍在實驗階段，新政府並沒有明確說明與兩岸全面和解交流後的台灣會走向何處，社會上的疑慮已經逐漸浮現。

　　哥本哈根學派所提出的「安全化」概念（見第三章）可以協助我們瞭解台灣的國家安全論述的問題所在。哥本哈根學派認為安全議題之所以存在，是因為決策者刻意將「威脅的存在」不斷提升與擴張的結果（可以對照民進黨政府在執政期間宣揚中國威脅的作為）。因此國家可以將一個原本不具安全意義的議題提升為國家安全問題，並動員社會資源來保障其存在（陸續推出制憲、公投、入聯等策略）。哥本哈根學派的理想是反對無限制地擴展安全概念，透過「非安全化」的過程，將人類社會由「威脅→防衛」的循環中解放出來，兩岸關係的可能解決方式就是兩岸的執政者都停止將對方的存在視為自身安全的威脅。國民黨政府的政策符合此一狀況，但迄今為止北京的對台政策只有在作法上展現彈性，原則並沒有根本的改變。這個現象也使得台灣對大陸的政策鬆綁會被綠營人士質疑為「親中」、「賣台」。

結論：制度化與市場化的對決

　　歷經民進黨執政時期所主張的中國威脅論與目前進行中的中國市場論的兩波衝擊，我認為目前台灣社會對未來安全狀態的看法正逐漸轉化為兩種新觀點。第一種觀點，是希望在台灣與大陸能夠進行對話的基礎上，以法律或條約的方式建立一個能保障台灣生存並與對岸保持和平狀態的新架構，可稱之為「維持現狀制度化」。類似的觀點包括美國前國家安全會議亞洲事務資深主任李侃如（Kenneth Lieberthal）早在1990年代末提出的

「中程協議」（interim agreement）概念。[45] 近年來台灣也出現一些類似主張，如陳水扁在2004年競選期間提出的「兩岸簽署和平穩定互動架構協議」，馬英九在2006年訪美時所提出的兩岸「暫行架構」（modus Vivendi），就職時更提出希望與對岸簽署兩岸和平協議的具體主張。中共總書記胡錦濤則在2007年10月中共十七大政治報告中首次提出兩岸可簽訂「和平協議」的說法，並在去年12月提出「胡六點」時表示可以在一中的基礎上結束敵對狀態，達成和平協議。台灣社會在過去幾年內也曾出現一些由個人名義發起，但以跳脫統獨思維、尋求以兩岸和解休兵為目標的主張，其中比較著名的是企業家曹興誠所提出的「兩岸和平共處法」與學者黃武雄主張的「尋找太平歲月——五十年維和方案」。值得注意的是，這兩種主張都是擺脫傳統藍綠二分化的政黨立場，並利用網路、公民連署等方式尋求社會大眾的支持。[46]

　　第二種觀點，是繼續推動台灣與大陸在經濟上的緊密合作，以兩岸經濟整合來保障台灣的安全與繁榮，可稱為「兩岸關係市場化」。這個概念可追溯到2001年蕭萬長提出的「兩岸共同市場」概念，主張參考歐洲模式，建立兩岸經濟合作機制以淡化兩岸之間的政治差異，藉由經濟上的合

---

[45] 李侃如的建議可分爲以下七點：1. 兩岸同意建立一個過渡的安排來處理兩岸情況，概略爲期五十年；2. 兩岸同意台灣與大陸在「一個中國」之下共存的一個過渡時期，但兩者間關係不是介於 (1) 兩主權個體，或是 (2) 中央政府與地方政府的關係；3. 台灣明白宣示其爲中國之一部分並同意不會尋求獨立，中共則同意不對台灣使用武力；4.兩岸同意在過渡期間，雙方在國內事務與國際政策維持各自的自治，只有上述原則可拘束；5. 兩岸同意高層舉行定期的會談，以避免衝突並增進互信；6. 兩岸同意以改國名來進一步降低緊張：PRC 改名爲中國，ROC 改名爲中國・台灣；7. 爲了增加這些協議之政治力量，兩岸必須以國內立法或憲法條款來進行具體化。見：Kenneth G. Lieberthal, "Cross-Strait Relations," paper presented at the "International Conference on the PRC After the Fifteenth Party Congress: Reassessing the Post-Deng Political and Economic Prospects," February 19-20, 1998. 2004年4月間，李侃如與另一名中國事務專家藍普敦 (David Lampton) 對內容進行修正後，提出「改良式中程協議」，David M. Lampton and Kenneth Lieberthal, "Heading off the Next War," *Washington Post*, April 12, 2004, p. A19.

[46] 兩岸和平共處法內容請見：<http://blog.yam.com/straitpeace>五十年維和案內容請見：<http://www.wretch.cc/blog/fortwpeace/9459222>

作為未來政治統合創造條件。這樣的思維在國民黨執政後逐漸發展成兩岸間簽訂「綜合性經濟協議」的具體主張，後來經馬英九總統進一步正名為「兩岸經濟合作架構協議」（Economic Cooperation Framework Agreement, ECFA）。持平而論，兩岸經貿政策鬆綁的初衷應該是恢復過去兩岸之間因政治因素被切斷的經濟鏈結，讓以外貿為主的台灣經濟體系與大陸此一世界工廠進行正常接軌。此一策略原是市場經濟體系下的自然選擇，對台灣與大陸雙方的經濟發展都有好處。政府宣稱「兩岸經濟合作架構協議」的目的是讓台灣產業以更優惠的條件進入中國市場，讓台灣與即將形成的「中國－東協自由貿易區」接軌，但由於此一協議具有高度的政治意涵，台灣社會對簽署與否逐漸形成是否必須以民意加以監督的辯論，民進黨也隨著局勢發展確立以公民投票方式決定是否簽訂ECFA的路線。[47]

　　因此現階段兩岸關係存在著兩個層次的競爭。第一層次是路線之爭：究竟要先走政治路線（將維持現狀制度化）、還是先經濟（兩岸關係市場化）？第二層次是主導權之爭：由誰來決定兩岸關係的走向。關於路線層次，國民黨的策略是先經濟後政治，也就是先推動簽訂ECFA，馬英九甚至說出「愈快簽署愈好」的話。[48] 至於和平協議，國民黨政府則轉趨保留，認為應該留待馬英九2012年連任或是大陸撤除對台部署的飛彈之後，再與大陸協商。[49] 民進黨的想法應該是政治優先，也就是將保衛台灣主權做為處理與大陸關係的最高價值，必要時可以犧牲經濟利益。只是國民黨目前在經濟與政治兩個議題上都掌握了主導權，民進黨仍然只能在體制外以抗爭的方式表達其主張。但如果將台灣與大陸相比，北京在經濟路線與政治路線這兩個問題上無疑掌握了更高的主導權。因此台灣未來安全與否，不僅僅取決於北京的態度，還與中國未來發展趨勢息息相關。美國

---

[47] 〈蔡英文：阻馬親中，推動ECFA公投〉，《自由時報網路版》，2009年5月19日，<http://www.libertytimes.com.tw/2009/new/may/19/today-t1.htm>

[48] 〈專訪台灣總統馬英九〉，《聯合早報網路版》（新加坡），2009年5月9日，<http://www.zaobao.com/special/china/taiwan/pages12/taiwan090509a.shtml>

[49] 〈馬：兩岸未來不是這一代可決定〉，《中國時報》，2009年5月21日。

（或者加上日本）在台灣安全問題的重要性與影響力將會隨著兩岸關係的改善而逐漸下降。台灣決策者在分析台灣國家安全問題時，必須更專注在中國內部的轉變，而不再是美國的態度或是美國與中國的互動結果。第四章的結論曾提到中國領導人在改革開放的過程中逐漸摸索出一套結合「經濟發展」與「國家安全」的標準論述：只有國家能帶給人民安全；任何挑戰國家權力的作為就是危害國家安全；國家所創造出的穩定秩序才能讓經濟持續成長。如果這個策略能持續走下去，中國未來最有可能的發展方向既不是全面民主化，也不是威權體制全面崩潰，而是設法在政治穩定與經濟開放間取得一個平衡點。中國社會將變得更趨多元，但在政治上為了維持穩定與開放的步調，一種類似新加坡的改良式威權體制可能繼續存在。可以想見的是：這樣的中國在國際上既不會成為挑戰現有國際政治秩序的新霸權，但也不會坐視台灣為了獨立與中國為敵；中國在無法強迫台灣「自願回歸」的情形下，最終也許會希望台灣成為一個以中國為中心的新亞洲秩序下一個緊密的政治與經濟盟友。這樣的結果對台灣不見得絕對不利，關鍵是台灣如何順應此一趨勢，讓台灣與中國之間關係正常化。也就是在維護台灣利益的前提下，隨時保持與中國交往過程的彈性與主動性。被媒體和輿論界所創造出來的兩極中國形象，常使得台灣民眾只能在統與獨之間做出選擇，而忽略了其他可能的結果。唯有台灣與大陸的政治菁英在正面互動的過程中重新建構理解雙方關係的新方式，台灣的問題才有解決的可能。

第八章 結論：主流安全文化下的權力關係、主權秩序與威脅建構

安全比權力（power）與和平（peace）更適合作為理解國際關係研究的概念。

——Barry Buzan

安全環境的發展與詮釋：東亞與南亞的比較

在第四至六章中，我分別以三個例子說明安全概念在國內、國家間與國際三個層次的變化。如果我們將這三個層次分別對應到權力、制度、文化等三個安全的不同面向，便可以建構出一個理解安全概念的完整圖像。這三者的關係可以圖8.1來表現：

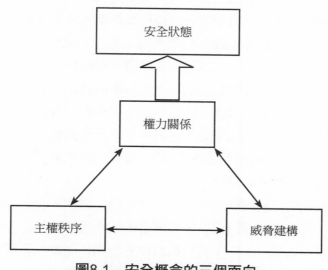

圖8.1　安全概念的三個面向

　　這個圖所顯示的，是權力、秩序、威脅這三個面向之間的連動關係，任何安全議題都可劃分為與權力、威脅、秩序相關的三個面向。例如對國際社會構成威脅的力量（恐怖主義、大規模毀滅性武器、民族獨立運動）必須具有挑戰現有政治或經濟秩序的能力或作為（執行恐怖攻擊、威脅使用大規模毀滅性武器、因獨立而改變國家疆界）才有可能被視為威脅，而唯有靠（在全球或國內的政治經濟體系中具有影響力的）政治菁英或強權國家認定這些現象已經構成對政治經濟體的威脅，才會成為真正的安全問題。未來的安全研究也將會因各地區的歷史條件、政治經濟發展程度而呈現出不同的面貌。第七章關於台灣國家安全的討論更能看出權力、秩序、威脅三者之間的關係：來自藍綠兩大陣營的政治菁英分別運用其統治權力在社會上創造出中國市場論與中國威脅論兩種論述，並將其落實在兩岸政策之中。我認為中國威脅論在政策上失敗的原因是民進黨政府不具有說服社會大眾接受其國家安全論述的能力（統治的權力關係不穩固）；在對外宣揚主權獨立的過程中忽略了國際社會反對片面改變台海現狀的共識（兩岸現狀是國際社會所認定的主要秩序）；在國際社會上無力將中國塑造成區域安全的威脅（中國威脅無法形成普遍被接受的理念）。2008年國民黨以獲得多數民意支持的姿態上台執政（其權力關係顯然較前政府穩固），立刻推翻中國威脅論，改以中國市場論作為促進台灣安全的策略，這套論述將過去鎖國式的態度運動視為台灣發展的威脅，因此主張與大陸改善關係來促進台灣的安全地位。但新政府在執行的過程中並未向選民說明清楚對大陸開放的結果是否真能換得北京對台灣釋放善意，加上台灣的經濟在2009年初呈現衰退狀態，因此社會上對是否要與對岸簽署綜兩岸經濟合作架構協議已經出現疑慮。未來影響台灣安全政策的因素在於北京是否願意調整兩岸現狀來換取台灣對大陸的信任，以及台灣社會是否繼續接受開放才是促進台灣安全狀態的說法。

　　這個架構也可以解釋較大範圍的安全問題。舉例來說，多數學者或許都同意現實主義仍然是理解東亞區域安全的主流理論，但是現實主義的主流地位也源自本區域政治決策者與戰略學者習慣以現實主義邏輯來理解區域內部的政治問題。區域內各國的決策者與戰略研究學者運用其在政治體

系中的影響力來塑造社會大眾對敵國軍事力量的恐懼，並鼓勵人民接受以維持區域內軍事平衡的方式來增加自身的安全感。因此無論是研究中日關係、朝鮮半島或是台海兩岸等議題，政治菁英都樂於持續運用權力平衡或有效嚇阻等現實主義概念來解釋區域安全。但是真正能讓東亞各國保持數十年安全與穩定的原因既不是政治，也不是軍事，而是經濟：從經濟的角度來看，除了北韓之外，本地區所有國家都認為持續發展經濟、維持強大的出口能力是國家發展的首要目標（請注意並非今日世界上所有地區都出現這樣的共識，例如近年來左派崛起的拉丁美洲，以及宗教與意識形態衝突最劇烈的中東地區）。經濟發展是區域內除了北韓以外所有政治菁英的共識，各國決策者也運用其影響力避免讓政治上的衝突成為經濟發展的障礙。截至目前為止，中國與日本政府都避免讓東海上的領土與海權爭議演變成軍事衝突，中國政府一方面默許民族主義思潮的出現，另一方面又壓制過激的反日行為尤為明顯。[1] 在東北亞，真正對區域安全秩序構成威脅的力量來自企圖打破此一穩定政治經濟與秩序的國家或其領導人，例如北韓的金正日政權，其執意發展核武的政策成為所有國家認定的安全威脅。北韓政權的存在已經成為本地區所有國家所認定的安全威脅，解決北韓核武問題的跨國性合作機制「六方會談」也成為區域內所有國家（除了台灣之外）為建立穩定安全秩序的試驗。[2]

　　南亞的安全環境呈現出完全不同的面貌。自冷戰開始以來，南亞次大陸的安全環境一直由兩個議題所主導：印度與巴基斯坦之間的衝突，以及中國與印度之間的較量。由軍事的角度來看，現實主義或許提供了理解這兩大衝突的最佳途徑，卻不能解釋為何印巴之間、中印之間軍事力量的不對稱沒有演變成進一步的衝突——印度決策者一直不將巴基斯坦視為軍事上真正的對手，而中國在與印度的交手過程中（包括1962年的軍事衝突），都未曾試圖以軍事手段奪回由印方所佔領的爭議領土。真正制約這

---

[1]　Peter Van Ness, "Why the Six Party Talks Should Succeed," *Asian Perspectives* vol.29, no.2 (June 2005), p.231-246.

[2]　Peter Van Ness, "Why the Six Party Talks Should Succeed," *Asian Perspectives* vol.29, no.2 (June 2005), p.231-246.

幾個國家之間衝突繼續惡化的原因在於決策者（無論是印度、巴基斯坦還是中國）意識到維持現狀對彼此的關係反而最有利。舉例而言：1998年印度與巴基斯坦分別試爆原子彈成功，隔年5月雙方在喀什米爾地區的喀吉爾（Kargil）爆發軍事衝突。但巴基斯坦陸軍參謀長穆夏拉夫（Pervez Musharraf）在10月發動政變推翻夏立夫（Nawaz Sharif）政府後，卻極力主張與印度維持穩定的關係，避免衝突進一步惡化。印度國大黨是1962年中印戰爭時的執政黨，立場比較反中，但在2004年重新上台執政後，卻未立刻推翻前人民黨政府與中國友好的政策，反而積極與北京改善關係並持續進行邊界問題談判。換言之，安全的考量是讓區域內主要國家保持關係穩定的原因，而不是走向軍事衝突的關鍵元素。我認為此地區未來主要的安全威脅將來自社會內部而非外部：特別是人民藉由對現狀不滿，轉而支持恐怖主義活動，或訴諸暴力手段來解決政治紛爭。印度、巴基斯坦、孟加拉等國近年來增加的恐怖攻擊事件只是本地區恐怖主義活動猖獗與政府治理能力下降的一個縮影，社會的安全（societal security）也將是未來研究南亞地區政治與安全的合適切入點。[3]

安全概念與現代社會發展

在本書的最後，我想根據以上各章的論述推演出幾個與安全概念相關的結論：

第一，所謂安全狀態，其實是在特定歷史環境中，由國際社會的行為者所建構出來的觀念。隨著行為者不同，所建構出的安全問題也不同。傳統現實主義安全學者將國家視為國際政治主要的分析單元，持「擴大論」與「深化論」的安全理論學者（見第二章）認為人才是被保障的對象。如果我們把安全的對象分為統治權力（國內）、領土主權（國家與國家

---

[3] Peter Van Ness, "Why the Six Party Talks Should Succeed," *Asian Perspectives* vol.29, no.2 (June 2005), p.231-246.

間）、威脅建構（國際社會）等三個層次，就可以涵蓋不同的安全指涉對象。

　　第二，構成安全狀態的條件並非永久不變：在歷史上某一時期被視為是安全威脅的原因會因行為者理解的變化而有所改變。第五章所分析的中印邊界爭議與第六章所討論的國際恐怖主義都是因為行為者（國家或國家內的決策者）對現狀的理解改變才成為安全問題。純粹的理念（威脅）並不能成為安全問題，而必須經過行為者的刻意操作，且必須具有改變現狀（或秩序）的能力。中國與印度對領土主權概念的執著都是進入西發里亞國家體系之後逐漸學習的結果，但兩國也知道以武力來取得領土控制權的代價太大，逐漸發展成以維持現狀來保持安全狀態的互動方式。美國在歷經九一一攻擊後，認定恐怖主義是其最大的安全威脅，並運用其霸權地位將反恐文化推展到全世界，卻忽略了運用過度的結果是讓自己陷入伊拉克戰爭的泥淖。

　　第三，與安全相關的政策往往是現有政治與經濟體系下具有較高影響力的群體為保障其統治地位或利益所刻意創造出來的結果。當代中國的統治者成功地將改革開放與國家安全劃上等號，創造出有利自己統治地位的安全論述（見第四章），而台灣的民進黨與國民黨雖然是以民主選舉的方式上台執政，但在無法取得社會多數人認同的情況下，直接將中國威脅論與中國市場論作為論述台灣安全地的基調，以致在推行後續政策時出現難題（第七章）。此外，傳統的安全研究學者僅強調威脅的來源與應付威脅的方法（安全政策），並未真正處理「威脅由誰認定」的問題。由於制定安全政策的目的，主要是在防範社會威脅與結構威脅（見第六章），權力階層關係的概念使我們能進一步理解具有操控安全議題能力的政治群體如何利用其影響力認定威脅的存在並創造對應的政策。

　　最後，由於國際社會普遍將「現狀」視為安全與穩定的基本狀態，因此任何關於安全的政策與論述都具有保守的本質，認為安全的另一面即是抗拒任何秩序與權力關係的改變。這可以解釋為何國際社會至今仍然死守著已有數百年歷史的西發里亞體系主權概念，並把挑戰主權與領土概念的作為視為根本的安全問題。這使得原本沒有敵意的兩個社會會因主權與領

土問題發生衝突（中國與印度，台灣與大陸），也使得任何一個國家或群體要改變現狀會非常困難。惟有認定權力關係與威脅是構成安全論述的基本條件，這個世界才具有改變的可能性。改變在政治上的權力結構與改變決策者對威脅的理解，便能改變世界的基本安全觀。

　　因此安全概念中的權力、秩序與威脅三個面向可以進一步對應到現代社會發展的三條基本軸線：政治、經濟與文化（見圖8.2）。經濟面向指的是資本主義經濟在全世界範圍內擴張的過程；政治面向是以主權為基礎的國際政治體系的形成與鞏固；文化則意指主流價值體系與意識形態發展的經過。過去多數國際關係學者（例如結構現實主義學者Kenneth Waltz或社會建構論者（Alexander Wendt））只注重主權國家與外在環境之間的關係，這使得20世紀國際關係理論的發展多數集中在對國家與國際體系的討論，忽略了其他行為者對整體世局的影響力。受馬克思主義啟發的學者（例如世界體系理論的發明者Immanuel Wallestein或批判理論學者Robert Cox）則以經濟角度來檢視人類的社會的發展，其結果是創造出以深刻批判資本主義社會及其背後意識形態霸權為目的政治經濟學理論，只是這些理論除了在歐洲與美國少部分具有批判傳統的學府之外，難以成為主流學術社群的研究方法。文化論者（提出文明衝突論的美國學者杭廷頓（Samuel Huntington）及發表歷史終結論的日裔美籍學者法蘭西斯・福山

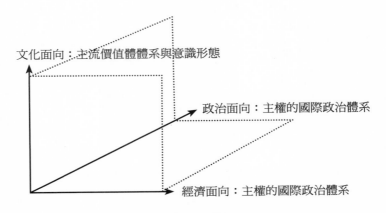

圖8.2　現代社會發展的三條軸線

（Francis Fukuyama）則強調主流意識形態的變化對人類社會發展過程的影響，為後冷戰時期國際關係研究注入新的動力，但忽略了理念的形成與傳播是由統治者與政治菁英刻意塑造而成。杭氏晚年撰寫《我們是誰？美國國家特性面臨的挑戰》一書批評美國新移民不認同美國文化與福山支持美國出兵伊拉克所引發的爭議都證明了他們的理論忽略了現代社會發展的經濟與政治面向。[4]

　　由於政治、經濟、社會等三個學門的訓練方式與觀察角度不同，這些學者的理論都只能算是對人類社會發展的片面描述。因此我認同哥本哈根學派學者Barry Buzan的觀點，將安全視為一個比權力（peace）或和平（peace）更基礎、更全面理解國際關係本質的概念。[5] 至於現代社會所出現的安全概念如何影響人類在政治、經濟、文化三個面向的發展，將是其他具有批判意識的安全理論學者未來可以繼續探索的研究方向。

---

[4]　Peter Van Ness, "Why the Six Party Talks Should Succeed," *Asian Perspectives* vol.29, no.2 (June 2005), p.231-246.

[5]　Peter Van Ness, "Why the Six Party Talks Should Succeed," *Asian Perspectives* vol.29, no.2 (June 2005), p.231-246.

參考書目

一、中文部分

（一）專書

子衫，2005，《國家的選擇與安全；全球化進程中國家安全觀的演變與重構》，上海：三聯書店。

王逸舟，1999，《全球化時代的國際安全》，上海：上海人民出版社。

王昶，2001，《中國高層謀略：外交卷》，陝西：陝西師範大學出版社。

王崑義，2002，《全球化與台灣：陳水扁時代的主權、人權與安全》，台北：創世文化。

王央城編，2006，《戰略與區域安全》，台北：國防大學戰略研究所。

包宗和、吳玉山編，1999，《爭辯中的兩岸關係理論》，台北：五南圖書。

曲星，2000，《中國外交五十年》，江蘇：江蘇人民出版社。

宋強等，1996，《中國可以說不》，中華工商聯合出版社。

何方，2000，《論和平與發展時代》，北京：世界知識出版社。

李零，2004 /11-12，《中國歷史上的恐怖主義：刺殺與劫持（上）（下）》，台北：讀書，頁9-17；頁55-64。

房寧等，1999，《全球化陰影下的中國之路》，北京：中國社會科學出版社。

邱宏達，2004，《現代國際法》，台北：三民書局。

金宜久，2004，《簡明伊斯蘭史》，台北：東大。

莫大華，2003，《建構主義國際關係理論與安全研究》，台北：時英出版社。

袁易，2004，《中國遵循國際導彈建制的解析：一個社會建構論的觀點》，台北：五南出版社。

馬立誠、凌志軍，1998，〈交鋒-當代中國三次思想解放實錄〉，台北：天下遠見出版股份有限公司。

陳牧民，2007，〈全球反恐戰爭下的南太平洋地緣情勢－美國與東協國家關
　　係之分析〉，施正鋒、闕河嘉主編，《當代南太平洋民主政治》，台
　　北：台灣國際研究協會。

許慶雄，《台灣建國的理論基礎》，台中：加入聯合國聯盟，1999年。

張錫模，2003，《聖戰與文明》，台北：玉山社。

張錫模，2006，《全球反恐戰爭》，台北：東觀出版社。

張敏秋，2004，《中印關係研究（1947-2003）》，北京：北京大學出版社。

張立平，2006，〈保守主義與美國外交政策〉，周琪主編，《意識型態與美
　　國外交》，上海：上海人民出版社，頁263-325。

強世功，2008/6，《一國兩制的歷史源流：香江邊上的思考之七》，台北：
　　讀書，頁3-10。

楊潔勉，2000，《後冷戰時期的外交關係：外交比較政策研究》，上海：上
　　海人民出版社。

趙明義，2008，《國家安全的理論與實際》，台北：時英出版社。

鄧小平，1993年，《鄧小平文選》，北京：北京新華出版社。

蘇浩，2003，《從啞鈴到橄欖：亞太合作安全研究》，北京：世界知識出版
　　社。

（二）專書譯著

Huntington, Samuel 著，程克雄譯，2005，《我們是誰？美國國家特性面臨的
　　挑戰》，北京：新華出版社。

Krugman, Paul 著，吳國卿譯，2008，《下一個榮景：政治如何搭救經濟》，
　　台北：時報出版社。

Kuhn, Thomas著，程樹德等譯，1991，《科學革命的結構》，台北：遠流出
　　版社。

Leonard, Mark（馬克‧里歐納德）著，2008，《中國怎麼想》，台北：行人
　　出版社。

Morgenthau, Hans J.（摩根索）著，張自學譯，1976，《國際政治學》，台
　　北：幼獅文化事業有限公司。

Nasr, Seyyed Hossein著，王建平譯，2002，《伊斯蘭》，台北：麥田出版社。

Rourke, John T. and Mark A. Boyer著，張明貴，賴明芝譯，2005，《世界政治》，台北：風雲論壇出版社。

Shirk, Susan（謝淑麗）著，溫恰溢譯，2008，《脆弱的強權；在中國崛起的背後》，台北：遠流出版社。

Soyinka, Wole（渥雷‧索因卡）著，陳雅汝譯，2007，《恐懼的氣氛》，台北：商周出版社。

Zakaria, Fareed著，孟玄譯，2005，《自由的未來－美國國內和國際間的偏執民主》，台北：聯經出版社。

（三）期刊

于有慧，2001/8，〈近期兩岸關係中的美國因素〉，《中國大陸研究》，第44卷第8期，頁1–21。

王殊，1987，〈辦經濟外交要研究國內的需要和國外的可能〉，《世界知識》，第3期，頁18-19。

王懷寧，1991，〈關於建立國際新秩序的若干問題〉，《世界經濟與政治》，第7期，頁1-8。

石之瑜，2003/4，〈起手無悔大丈夫－迷失在依附者能動性中的美「中」戰略棋盤〉，《遠景季刊》，第4卷第2期，頁39-60。

石之瑜，2001/7，〈民族、民族研究、民族主義：兼論作為意識形態的社會科學研究〉，《問題與研究》，第40卷第3期，頁97-110。

石慶懷，2005/7，〈從大陸邊疆島全球邊疆－美國走向世界的歷史進程〉，《遼寧大學學報》，第33卷第4期，頁62-69。

巨克毅，2004/4，〈國際恐怖主義蓋達(Al Qaeda)組織的意識形態與策略分析〉，《全球政治評論》第六期，頁1-17。

江宜樺，1998/3，〈當前台灣國家認同論述之反省〉，《台灣社會研究》，第29期，頁163-229。

安籐仁介，2006/9，〈論光華寮案與國際法〉，《台灣國際法季刊》，第3卷第3期，頁9-28。

李明駿，2006/9，〈政府承認與國內法的訴訟權：從國際法看光華寮訴訟〉，《台灣國際法季刊》，第3卷第3期，頁29-59。

李岱、周陽，1986，〈略論當代的戰爭與和平問題〉，《國際問題研究》，北京，第三期，頁1-5。

邢賁思，1992，〈風雲驟變後的思索〉，《科學社會主義》，第2期，頁8-11。

呂昭義，1997，〈關於中印邊界東段的幾個問題〉，《歷史研究》，第6期，頁74-91。

房建昌，1998，〈近代中印中段邊界史初探〉，《中國邊疆史地研究》，第1期，頁80-88。

季崇威，1990，〈中國當前的經濟形勢和政策〉，《國際貿易》，第1期，頁13-15。

林碧炤，2001，〈全球治理與國際安全〉，《國際關係學報》，第16期，頁157-171。

胡繩，1991/10，〈為了世界的和平和發展〉，《世界經濟與政治》，頁1-5。

胡慶山，2003/12，〈台灣的民主化與國家形成的關係：由國際法上的自決權與承認論之〉，《淡江人文社會學報》，第17期，頁105-128。

姜皇池，1996/7，〈論台灣之國家屬性〉，《國立台灣大學法學論叢》，第25卷第4期，頁109-172。

施正鋒，1998/7，〈國家主權獨立的政治分析〉，《共和國》，第5期，頁12-19。

時殷弘，1995，〈國際政治的世紀性規律及其對中國的啟示〉，《戰略與管理》，第2期，頁1-3。

莫大華，1998/08，〈「安全研究」論戰之分析〉，《問題與研究》，第37卷，第8期，頁19-33。

唐世平，2001，〈再論中國的大戰略〉，《戰略與管理》，第4期，頁29-37。

孫士海，2003，〈對中印建立互信關係的幾點思考〉，《南亞研究》，第2期，頁3-7。

康民軍，2003，〈試析20世紀五六十年代中印關係惡化的原因—中印邊界戰爭40週年回顧〉，《當代中國史研究》，第10卷1期，頁103-114。

康民軍，2004，〈1954年中印協定與中印邊界爭端—和平共處五項原則創立50週年回顧〉，《當代中國史研究》，第11卷6期，頁52-63。

康民軍，2004，〈約翰遜線及其在中印邊界爭端中的地位〉，《首都師範大學學報》，第4期，頁20-26。

康民軍，2006，〈試析「麥克馬洪線」問題的來龍去脈」〉，《首都師範大學學報》第149期，2006年第6期，頁24-29。

馬榮久，2007，〈國外關於中印領土的爭端的研究〉，《當代中國史研究》第14卷2期，頁119-122。

陳欣之，2003/7，〈國際安全研究之理論變遷與挑戰〉，《遠景基金會季刊》，第4卷，第3期，頁1-40。

陳偉華，2001/7，〈主權與戰爭：兩岸關係的轉捩點〉，《遠景季刊》，第2卷第3期，頁189-211。

陳宗海，2007，〈冷戰後中印關係的特點與態勢〉，《華中師範大學學報》，第46卷2期，頁49-54。

陳牧民，1994/12，〈經濟與安全：全球化時代的新安全理論〉，《全球政治評論》，第12期，頁19-45。

陳牧民，2006/12，〈當和平崛起遇上台灣問題：菁英認知下的中國安全戰略〉，《中國大陸研究》，第49卷，第4期，頁1-26。

陳牧民，2008/4，〈當代國際安全理論中的主權意涵〉，《全球政治評論》，第22期，頁107-126。

陳牧民，2008，〈美國為何承認科索沃獨立？〉，《台灣國際研究季刊》，秋季號，第4卷，第3期。

陳隆志，1996/9，〈台灣的國際法律地位〉，《台灣法學會學報》，第17期，頁216-231。

陳荔彤，2000，〈中華民國台灣的國際法人格〉，《東海大學法學研究》，第15期，頁14-15, 17-18。

黃廷煒、郭傳玲，1989，〈世界形勢發生轉折性變化〉，《現代國際關係》，第1期，頁30-34。

萬仞，〈國家安全新論再檢討與新思維〉，《國防雜誌》，第10卷第9期，頁3-15。

張文木，2001，〈中國國家安全哲學〉，《戰略與管理》，第1期，頁24-32。

張喜順、辛益，2002，〈中印關係的歷史及發展趨勢〉，《史學月刊》，第7期，頁119-122。

黃想平、齊鵬飛，2006，〈淺析中國政府在中印邊界爭端中的危機處理〉，《當代中國史研究》，第13卷1期，頁79-86。

黃昭元，1996/1，〈二次大戰後台灣的國際法地位〉，《月旦法學雜誌》，第9期，頁20-31。

靳文，1986，〈廣開新的絲綢之路－漫談經濟外交〉，《世界知識》，第22期，頁22-23。

楊成，2003，〈體系、利益與信任：中印戰略關係思考〉，《國際論壇》，第5卷5期，頁42-46。

趙干城，2003，〈穩定關係中印關係與創造戰略機遇當議〉，《南亞研究》第2期，頁15-20。

蔡增家，2007/7，〈從新保守主義論述變遷中的日本防衛政策〉，《遠景基金會季刊》，第8卷第3期，頁91-125。

衛林，1990，〈當代國際體系特徵與90年代世界格局〉，《世界經濟與政治》，第8期，頁30-34。

閻學通，1995，〈中國崛起的可能選擇〉，《戰略與管理》，第2期，頁11-14。

閻學通，2000，〈對中國安全環境的分析與思考〉，《世界經濟與政治》，第2期，頁5-10。

閻學通，2004，〈武力遏制態度法理獨立的利弊分析〉，《戰略與管理》，（第3期，總第64期），頁1-5。

衛靈，2005，〈印度安全戰略及中印安全關係〉，《中國人民大學學報》，
　　第4期，頁93-99。

劉冠效，2002/9-10，〈轉變中的日本安全保障政策—反恐特別措施法的探
　　討〉，《問題與研究》，第41卷，第5期，頁41-65。

劉朝華紀錄整理，2007，〈中印邊界問題座談會紀實（上）〉，《南亞研
　　究》，第1期，頁43-51。

劉朝華紀錄整理，2007，〈中印邊界問題座談會紀實（下）〉，《南亞研
　　究》，第2期，頁33-40。

劉強，〈羈縻制與民族區域自治制度比較研究〉，《思想戰線》，（北京：
　　2008年2期），頁199-120。

藍建學，2005，〈冷戰後的中印關係：正常化與戰略和諧〉，《南亞研究》
　　第2期，頁8-14。

羅雄飛、趙劍，2003，〈印度對華政策的調整與中印關係的未來走向〉，
　　《南亞研究》，第2期，頁21-25。

羅致政，1995/1，〈美國在台海兩岸互動所扮演的角色—結構平衡者〉，
　　《美歐月刊》，第10卷第1期，頁37-54。

（四）文件

胡耀邦，1997，〈中共十二大工作報告〉，《十一屆三中全會以來黨的歷次
　　全國代表大會重要文件選編》。北京：中央文獻出版社。

（五）網際網路

中華人民共和國國家統計局，《中國統計信息網》，<http://210.72.32.6/cgi-
　　bin/bigate.cgi/b/g/g/http@www.stats.gov.cn/tjsj/qtsj/gjsj/2005/
　　t20060721_402409897.htm>。

中華民國總統府，2007/7/6，〈總統主持三軍五校畢業典禮談話〉，《總統府
　　新聞稿》

<http://www.president.gov.tw/php-bin/prez/shownews.php4?issueDate=&issueYY=
　　96&issueMM=7&issueDD=6&title=&content=&_section=3&_pieceLen=50&
　　_orderBy=issueDate%2Crid&_desc=1&_recNo=3>。

何秉松，〈現代恐怖主義演進之研究〉，《國政研究報告》，憲政研091-033
　　號，《國政基金會網站》，<http://old.npf.org.tw/PUBLICATION/CL/091/
　　CL-R-091-033.htm>。

陳隆志，2006/1/27，〈民主化與國家安全〉，《自由時報》，<http://www.
　　libertytimes.com.tw/2006/new/jan/27/today-o3.htm>。

陳儀深，2004/11，〈台灣制憲運動的回顧〉，《群策會網站》，<http://
　　advocates.tomeet.biz/wooooa/front/bin/ptdetail.phtml?Part=seminar02&PreVi
　　ew=1>。

曾志超，〈台灣經濟情勢與兩岸深入合作方向〉，《中央日報網路版》，
　　2009年5月28日，<http://www.cdnews.com.tw/cdnews_site/docDetail.jsp?col
　　uid=110&docid=100781570>。

鄭必堅，2003/11/3，〈中國和平崛起新道路和亞洲未來〉，《2003年博鰲論
　　壇演講》，<http://big5.china.com.cn/chinese/OP-c/448115.htm>。

〈印中建立戰略夥伴關係〉，《自由時報電子報》，<www.libertytimes.com.
　　tw/2005/new/apr/12/today-int1.htm>。

〈胡錦濤訪印前夕中國重申領土要求〉，《美國之音》（Voice of
　　America），<http://www.voafanti.com/gate/big5/www.voanews.com/chinese/
　　archive/2006-11/w2006-11-14-voa33.cfm>。

〈中國拒向阿魯納恰爾官員發簽證，印度自取其辱〉，《搜狐新聞網》，
　　<http://news.sohu.com/20070528/n250255237.shtml>。

《維基百科》，<http://en.wikipedia.org/wiki/2004_Indian_Ocean_earthquake>。

《新浪網》，<http://financenews.sina.com/phoenixtv/000-000-107-105/402/2008-
　　05-03/2208292897.shtml>。

〈蔡英文：阻馬親中，推動ECFA公投〉，《自由時報網路版》，2009年5月
　　19日，＜http://www.libertytimes.com.tw/2009/new/may/19/today-t1.htm＞

〈專訪台灣總統馬英九〉，《聯合早報網路版》（新加坡），2009年5月9日，＜http://www.zaobao.com/special/china/taiwan/pages12/taiwan090509a.shtml＞

聯合國政府間氣候變化專門委員會網站，《聯合國政府間氣候變化專門委員會IPCC第二次評估：氣候變化1995》，＜http://www.ipcc.ch/pdf/climate-changes-1995/ipcc-2nd-assessment/2nd-assessment-cn.pdf＞

《世界末日的危機》，＜http://www.geocities.com/avoid_armageddon/greenhouse.html＞

（六）新聞

中華民國總統府，2002/9/12，〈陳總統九一一事件週年支持反恐談話〉，《總統府新聞稿》。

1980/9/25，《人民日報》，版6。

1982，〈回顧與展望－國際形勢座談會紀要（上）〉，《世界知識》，第1期，頁2-6。

1984/7/9，〈宦鄉論國際外交格局與戰略格局〉，《世界經濟導報》，版6。

1988/6/2，《人民日報》，版6。

1991/5/18，《人民日報》。

2003/12/11，《人民網》。

2009/5/21，〈馬：兩岸未來不是這一代可決定〉，《中國時報》。

二、英文部分
（一）專書與專書篇章

Acharya, Armitav, 2005. "The Bush Doctrine and Asian Regional Order: the Perils and Pitfalls of Preemption," in Gurtov and Van Ness, eds., *Confronting the Bush Doctrine*. London, UK: Routledge.

Acharya, Alka, 2008. *China and India, Politics of Incremental Engagement*, Delhi, Har-Anand.

Adler, Emanual and Michael Barnett, 1998. Security Communities. Cambridge: Cambridge University Press.

Alagappa, Muthiah ed., 1998. *Asian Security Practice: Material and Ideational Influences*. Stanford, CA: Stanford University Press.

Ball, Desmond ed., 1996. *The Transformation of Security in Asia-Pacific Region*. Portland, OR: Frank Cass.

Booth, Ken ed., 2005. *Critical Security Studies in World Politics*. Boulder, CO: Lynne Rienner.

Bernstein, Richard and Ross Munro, 1998. *The Coming Conflict with China*, New Youk, Vintage.

Buzan, Barry and Ole Waever, 2003. *Regions and Powers: The Structure of International Security*. Cambridge: Cambridge University Press.

Buzan, Barry, 1991. *People, States and Fear: An Agenda for International Security Studies in the Post-Cold War Era*. Boulder CO: Lynne Rienner.

Buzan, Barry, Ole Waever and Jaap De Wilde, 1998. *Security: A New Framework for Analysis*. Boulder: Lynne Rienner Publishers.

Bush, Richard C., 2005. *Untying the Knot: Making Peace in the Taiwan Strait*. Washington, D.C.: Brookings Institution Press.

Caldwell, Dan and Williams, Robert E. Jr., 2006. *Seeking Security in an Insecure World*. Lanham, Maryland: Rowman and Littlefield.

Campbell, David, 1992. *Writing Security: United States Foreign Policy and the politics of Identity*. Minneapolis, University of Minnesota Press.

Chomsky Noam, 2000. *Rogue States: The Rule of Force in World Affairs*. Cambridge, MA., South End Press.

Chung, Chien-peng. 2004. *Domestic Politics, International bargaining and China's Territorial Disputes*. London: Routledge, 2004.

Collins, Allan, 2003. *Security and Southeast Asia: Domestic, Regional, and Global Issues*. Boulder CO: Lynn Rienner.

Collins, Allans ed., 2007. *Contemporary Security Studies*. Oxford University Press.

Cox, Robert W. and Timothy J. Sinclair, 1996. *Approaches to World Order*. New York: Cambridge University Press.

Der Derian, James, 1992. *Anti-Diplomacy: Spies, Terror, Speed, and War*. Oxford, UK: Blackwell.

Dewitt, David、David Haglund、John Kirton eds., 1993. *Building a New Global Order: Emerging Trends in International Security*. Oxford, UK: Oxford University Press.

Ferguson, Yale and Richard Mansbach, 1993. *The Elusive Quest: Theory and International Relations*. Columbia, South Carolina: University of South Carolina Press.

Garver, John W., 2001. *Protracted Contest: Sino-Indian Rivalry in the Twentieth Century*. Seattle: University of Washington Press.

Gertz, Bill, 2000. *The China Threat*, Regency Park, Australia Regency Publishing.

Green, Michael J, 2001. *Japan's Reluctant Realism: Foreign Policy Challenges in an Era of Uncertain Power*. Palgrave.

Gurtov, Mel, 2005. "American Crusades, Unilateralism, Past and Present," in Gurtov and Peter Van Ness, eds., *Confronting the Bush Doctrine: Critical Views from the Asia-Pacific*. London, UK: Routledge.

Hardgrave, Robert L., Jr., and Stanley A. Kochanek, 1993. *India: Government and Politics in a Developing Nation*. Fort Worth, TX: Harcourt Brace College.

Harmon, Christopher C., 2000. *Terrorism Today*. London, Frank Cass.

Harris, Stuart and Andrew Mack eds., 1997. *Asian Pacific Security: The Economic Politics Nexus*. Sydney, Australia Allen &Unwin.

Jackson, Robert H., 1990. *Quasi-States: Sovereignty, International Relations and the Third World*. Cambridge.

James, Mann, 2004. *Rise of the Vulcans, the History of Bush's War Cabinet*. New York, NY: Penguin.

Jervis, Robert, 1976. *Perception and Misperception in International Politics*. N. J.: Princeton University Press.

Katzenstein, Peter J. ed. al, 1996. *The Culture of National Security: Norms and Identity in World Politics*. New York: Columbia University Press.

Klause, Keith ed., 1999. *Culture and Security: Multilateralism, Arms Control, and Security Building*. London, UK, Frank Cass.

Krause, Keith and Michael Williams, 1997. *Critical Security Studies*. Minneapolis: University of Minnesota Press.

Klare, Michael T. and Daniel Thomas eds., 1994. *World Security: Challenges for A New Century*. New York: St Martins.

Krasner, Stephan D., 1999. *Sovereignty: Organized Hypocrisy*. Princeton: Princeton University Press.

Li, Li, 2009. *Security Perceptions and China-india Relation*. New Delhi: KW Pub.

Lipschutz, Ronnie, 1995. *On Security*. New York: Columbia University Press.

McSweeney, Bill, 1999. *Security, Identity, and Interests: A Sociology of International Relations*. Cambridge, UK: Cambridge University Press.

Miller, Lynn H., 2005. "The Idea and the Reality of Collective Security," in Paul F. Diehl ed., *The Politics of Global Governance: International Organizations in the Interdependent World*. Boulder: Lynn Rienner.

Ruggie, John, 1998. *Constructing the World Polity, Essays on International Institutionalization*. New York, Routledge.

Sidhu, Waheguru Pal Singh and Jing-dong Yuan, 2003. *China and India: Cooperation or Conflict*, Boulder: Lynne Rienner.

Smoke, Richard, 1993. *National Security and the Nuclear Dilemma: An Introduction to the American Experience in the Cold War*. New York: McGraw-Hill.

Sperling, James et al., 1998. *Zones of Amity, Zones of Enmity: The Prospects for Economic and Military Security in Asia*. Leiden, the Netherlands: Brill.

Viotti, Paul, 2005. *American Foreign Policy and National Security: A Documentary Record. Upper Saddle River*, NJ: Pearson Prentice Hall.

Viotti, Paul and Mark Kauppi, 1999. *International Relations Theory: Realism, Pluralism, Globalism and Beyond*. MA: Ally and Bacon.

Wendt, Alexander, 1999. *Social Theory of International Politics*. Cambridge University Press.

Walt, Stephen, 1987. *The Origin of Alliances*. Cornell University Press.

Waltz, Kenneth N., 1959. *Man, the State and War: A Theoretical Analysis*. New York: Columbia University Press.

Waltz, Kenneth N., 1979. *Theory of International Politics*. Addison-Wesley Publishing Company, Inc.

Weiss, Thomas G., David P. Forsythe, Roger A. Coate, and Kelly-Kate Pease, 2007. *The United Nations and Changing World Politics*. Boulder CO, Westview.

Wolfers, Arnold, 1962. *Discord and Collaborations: Essays on International Politics*. Baltimore: Johns Hopkins Press.

Wyn Jones, Richard, 1999. *Security, Strategy and Critical Theory*. Boulder, CO: Lynne Rienner.

Wyn Jones, Richard, 2001. *Critical Theory and World Politics*. Boulder: Lynn Rienner.

（二）期刊論文

Baldwin, David A., 1995/10. "Security Studies and the End of the Cold War," *World Politics*, Issue 48, pp. 117-141.

Baldwin, David, 1997. "The Concept of Security," *Review of International Studies*, Issue 23, pp. 5-26.

Barkin, Samuel J. and Bruce Cronin, Winter 1994. "The state and the nation: changing norms and the rules of sovereignty in international relations," *International Organization*, Vol. 48, No. 1, pp. 107-130.

Caporaso, James A., 1995. "False Divisions: Security Studies and Global Political Economy," *Mershon International Studies Review*, No. 39, pp. 117-122.

Campbell, Kurt and Derek Mitchell, July/August 2001. "Crisis in the Taiwan Strait," *Foreign Affairs*, Vol. 80, No. 4, pp. 14-25;

Cox, Robert W., 1981. "Social Forces, States and World Orders: Beyond International Relations Theory," *Millennium*, Vol. 10, No. 2, pp. 126-155.

Cronin, Audrey Kurth, Winter 2002/2003 "Behind the Curve: Globalization and International Terrorism," *International Security*, Vol. 27, No. 3, pp. 30-58.

Charney, Jonathan and JRV Prescott, July 2000. "Resolving Cross Strait Relations between China and Taiwan," *American Journal of International Law*, Vol. 94, No. 3, pp. 253-477.

Chen, Qimao, November 2004. "The Taiwan Conundrum: Heading towards a New War?" *Journal of Contemporary China*, No. 41, pp. 705-715.

Christensen, Thomas J., Autumn 2002. "The Contemporary Security Dilemma: Deterring a Taiwan Conflict," *The Washington Quarterly*, Vol. 25, No. 4, pp. 7-21

Desch, Michael, Summer 1998. "Culture Clash: Assessing the Importance of Ideas in Security Studies," *International Security*, Vol. 23, No. 1, pp. 141-170.

Downs, Erica Strecker and Philip C. Saunders, Winter 1998/1999. "Legitimacy and the Limits of Nationalism: China and the Diaoyu Islands, *International Security*, Vol. 23, No. 3, p.114-146.

Evans, Gareth, Fall 1994. "Cooperative Security and Intra-State Conflict," *Foreign Policy*, No. 96, pp. 3-20.

Fan, Lloyd Sheng-Pao, Summer 2007. "My Land, Your Land, But Never China's: An Analysis of Taiwan's Sovereignty and Its Claim to Statehood," 《台灣國際研究季刊》Vol. 3, No. 2, pp. 141-181.

Fukuyama, Francis, Summer 1989 "The End of History?" *National Interest*, No. 16, pp. 3-18.

Goldfischer, David, 2002. "Resurrecting E.H. Carr: A Historical Realist Approach for the Globalization Era," *Review of International Studies*, Vol. 28, No. 4, pp. 697-717.

Gershman, John, July/August 2002. "Is Southeast Asia the Second Front?" *Foreign Affairs*, Vol.81, No.4, pp. 60-74.

Herz, John, 1950. "Idealist internationalism and the security dilemma," *World Politics* No. 2 , pp.157-180.

Huntington, Samuel, Summer 1993. "The Clash of Civilizations?" *Foreign Affairs* Vol. 72, No. 3, pp. 22-49.

Iain Johnston, Alastair, Spring 1995. "Thinking about Strategic Culture," *International Security*, Vol. 19, No. 4, pp. 32-64.

Khong, Yuen Foong, 2001/7-9. "Human Security: A Shotgun Approach to Alleviating Human Misery?" *Global Governance*, Vol. 7, No. 3, pp. 231-236.

King, Gary and Christopher J. L. Murry, Winter 2001-2002. "Rethinking Human Security," *Political Science Quarterly*, Vol. 116, No. 4, pp. 585-610.

Kolodziej, Edward, 1992. "The Renaissance of Security Studies? Caveat Lactor!" *International Studies Quarterly*, No. 36, pp. 421-438.

Krauthammer, Charles, 1990/1991. "The Unipolar Moment," *Foreign Affairs*, Vol. 70, No. 1. Special Issue: America and the World 1990/91, pp. 23-33.

Layne, Christopher, Summer 1998. "Rethinking American Grand Strategy: Hegemony or Balance of Power in the Twenty-First Century?" *World Policy Journal*, pp. 8-28.

Lieberthal, Kenneth, March/April 2005, "Preventing a War over Taiwan," *Foreign Affairs*, Vol. 84, No. 2, pp. 53-63.

Mastanduno, Michael, Autumn 1998. "Economics and Security in Statecraft and Scholarship," *International Organization*, Vol. 52, No. 4, pp. 825-854.

Noorani, A. G., "Maps and Borders," *Frontline*, October 24, 2008, p. 80-88.

Noorani, A. G., "Strategic Differences," *Frontline*, January 2, 2009, p. 84-88.

Noorani, A. G., "Truth and Tawang," *Frontline*, December 19, 2008, p83-87.

Nye, Joseph S., Jr., and Sean M. Lynn-Jones, Spring 1988. "International Security Studies: A Report of a Conference on the State of the Field," *International Security*, Vol.12, No. 4, pp. 5-27.

Nye, Joseph, 1999/7-8. "Redefining the National Interest," *Foreign Affairs*, Vol. 78, No. 4, pp. 22-35.

Osiander, Andreas, Spring 2001. "Sovereignty, International Relations, and the Westphalian Myth" *International Organization*, Vol. 55, No. 2, pp. 251-287.

Paris, Roland, Fall 2001. "Human Security: Paradigm Shift or Hot Air?" *International Security*, Vol. 26, No. 2, pp. 87-102.

Rapoport, David, December 2001. "The Fourth Wave: September 11 in the History of Terrorism," *Current History*, vol.100, no. 650, pp. 419-424.

Ross, Robert, Fall 2002, "Navigating the Taiwan Strait: Deterrence, Escalation Dominance, and US-China Relations," *International Security*, Vol. 27, No. 2, pp. 48-85.

Simon, Steven, Winter 2003. "The New Terrorism: Securing the Nation against a Messianic Foe," *The Brookings Review* Vol. 21, No. 1, pp. 18-24.

Swaine, Michael, March/April 2004, "Trouble in Taiwan," *Foreign Affairs*, Vol. 83, No. 2, pp. 39-49.

Thompson, Helen, 2006/6. "the Case for External Sovereignty," *European Journal of International Relations*, Vol. 12, No. 2, pp. 251-274.

Tucker, Nancy Bernkopf, Summer 2002, "If Taiwan Chooses Unification, Should the U.S. Care?" *The Washington Quarterly*, Vol. 25, No. 3, pp. 15-28.

Tuchman Mathews, Jessica, Spring 1989. "Redefining Security," *Foreign Affairs*, Vol. 68, No. 2, pp. 162-177.

Ullman, Richard H., Summer 1983. "Redefining Security," *International Security*, Vol. 8, No. 1, pp. 15-39.

Van Ness, Peter, 2007. "Reconciliation between China and Japan: the Key Links to Security Cooperation in East Asia," *Asian Perspective*, Vol. 31, No. 1, pp. 7-13.

Van Ness, Peter, 2005. "Why the Six Party Talks Should Succeed", Asian Perspective, Vol.29, No. 2. pp. 231-246.

Vaughn, Bruce, 2004/4. "Australia's Strategic Identity Post-September 11 in Context: Implications for the War against Terror in Southeast Asia, *Contemporary Southeast Asia*, Vol. 26, No. 1, pp. 94-115.

Walt, Stephen M. 1991. "The Renaissance of Security Studies," *International Studies Quarterly*, Issue 35, pp. 211-239.

Walt, Stephen, 1998/12. "The Progressive Power of Realism," *American Political Science Review*, Vol. 91, No. 4, pp. 931-935.

Wendt, Alexander, Spring 1992. "Anarchy is what states make o it; the social construction of power politics," *International Organization*, Vol. 46, No. 2, pp. 391-425.

Wendt, Alexander, Summer 1987. "The agent structure problem in international relations theory," *International Organization*, Vol. 41, No. 3, pp. 335-370.

Wendt, Alexander, Summer 1995. "Constructing International Politics," *International Security*, Vol. 20, No. 1, pp. 71-81.

Wu Yu-shan, November 2000, "Theorizing on Relations across the Taiwan Strait: nine contending approaches," *Journal of Contemporary China*, Vol. 9, No. 25, pp. 407-428.

（三）文件

United Nations Development Programme, 1994. *United Nations Development Report 1994*. New York,: Oxford University Press.

（四）網際網路

ASEAN official website, ＜http://www.aseansec.org/14207.htm＞

Arpi, Claude, "Tawang not China's," <http://www.claudearpi.net/maintenance/uploaded_pics/TawangnotChina.pdf>.

B. S. Raghaven, 200/6/11. "What did Pranab Mukherjee's visit really achieve?" Hindu Business Line, <http://www.thehindubusinessline.com/2008/06/11/stories/2008061150130800.htm>.

Barun, Roy, 2008/09/05, "China's claim over Tawang unattainable," Himalayan Beacon, <http://beacononline.wordpress.com/2008/09/05/ "china's-claim-over-tawang-untenable" >.

Check, Dan, "The Successes and Failures of George Bush's War on Drugs," <http://www.tfy.drugsense.org/tfy/bushwar.htm>.

Japan National Diet Library, Cairo Communiqué, <http://www.ndl.go.jp/constitution/e/shiryo/01/002_46/002_46tx.html>.

Kim, Julie and Steven Woehrel , 2007/10/24. "Kosovo and US Policy: Background and Current Issues." Congressional Research Service Report for Congress. <http://www.fas.org/sgp/crs/row/RL31053.pdf>.

Roberts, Adam, "Changing Faces of Terrorism," BBC News, Aug. 27, 2002,<http://www.bbc.co.uk/history/recent/sept_11/changing_faces_01.shtml>.

Noorani, A. G., "Facing the Truth," Frontline, vol. 23, no. 19 & 20, (Sep.23 & Oct. 7, 2006), <http://www.hinduonnet.com/fline/fl2319/stories/20061006006512300.htm> <http://www.hinduonnet.com/fline/fl2320/stories/20061020001608500.htm>

Terrorism Research, <http://www.terrorism-research.com>.

UCLA Asia Institute, Potsdam Declaration, <http://www.international.ucla.edu/eas/documents/potsdam.htm>.

White House, 2003〈美國總統國情咨文〉。"President Delivers State of the Union 2003" <http://www.whitehouse.gov/news/releases/2003/01/20030128-19.html>.

White House, 2002/01/29. "President Delivers the State of the Union Address," <http://www.whitehouse.gov/news/releases/2002/01/20020129-11.html>.

White House, 2005, "National Strategy for Victory in Iraq," <http://www.washingtonpost.com/wp-srv/nation/documents/Iraqnationalstrategy11-30-05.pdf>

2005/4/11, " China and India Sign Border Deal," BBC News ,<http://news.bbc.co.uk/2/hi/south_asia/4431299.stm>.

2007/10/24, Congressional Research Service Report for Congress. <http://www.fas.org/sgp/crs/row/RL31053.pdf>.

2008/6/4,"Tawang is part of India: Dalai Lama," The Times of India, <http://timesofindia.indiatimes.com/India/Tawang_is_part_of_India_Dalai_Lama_/articleshow/3097568.cms>.

2008/8/6,"U.S. officials declare researcher is anthrax killer", CNN.com,<http://www.cnn.com/2008/CRIME/08/06/anthrax.case/index.html?eref=rss_topstories>.

2006/01/25, BBC News, <http://news.bbc.co.uk/chinese/trad/hi/newsid_4640000/newsid_4647200/4647278.stm>.

〈2000年全球恐怖主義形式報告〉,《美國國務院國際信息局網站》,<http://usinfo.americancorner.org.tw/http%3A%2F%2Fusinfo.state.gov/regional/ea/mgck/patterns.htm>

"Dispute over Tawang blocking India-China border disputes: Narayana," DD India News, <http://www.ddinews.gov.in/Homepage/Homepage+-+Other+Stories/rwerwe.htm>.

國家圖書館出版品預行編目資料

國際安全理論：權力、主權與威脅／陳牧民 著.
─初版.─臺北市：五南，2009.09
面；　公分.
ＩＳＢＮ 978-957-11-5727-6（平裝）
1.國際安全

579.36　　　　　　　　　　98012589

IPU6

國際安全理論─權力、主權與威脅

作　　　者 ─ 陳牧民　（257.6）

發 行 人 ─ 楊榮川

總 編 輯 ─ 龐君豪

主　　　編 ─ 劉靜芬　林振煌

責任編輯 ─ 李奇蓁

封面設計 ─ P.Design視覺企劃

出 版 者 ─ 五南圖書出版股份有限公司

地　　　址：106台北市大安區和平東路二段339號4樓

電　　　話：(02)2705-5066　　傳　　真：(02)2706-6100

網　　　址：http://www.wunan.com.tw

電子郵件：wunan@wunan.com.tw

劃撥帳號：01068953

戶　　　名：五南圖書出版股份有限公司

台中市駐區辦公室／台中市中區中山路6號

電　　　話：(04)2223-0891　　傳　　真：(04)2223-3549

高雄市駐區辦公室／高雄市新興區中山一路290號

電　　　話：(07)2358-702　　傳　　真：(07)2350-236

法律顧問　元貞聯合法律事務所　張澤平律師

出版日期　2009年9月初版一刷

定　　　價　新臺幣300元